매일 위대해지는 글쓰기

# 쓺

저자 **최승한**

경인교육대학교 국어교육과를 졸업하고, 서울교육대학교에서 국어교육 석사 학위를 받았습니다. 서울 창림초등학교와 운현초등학교 교사로 있었으며, 서울교육대학교 초등국어교육연구소와 한국교과서연구재단의 연구원을 지냈습니다. 2009 개정 교육과정과 2015 개정 교육과정 초등학교 국어 교과서를 집필하였고, 2022 개정 교육과정 국어 교과서 집필에 참여했습니다. 또, 유치원, 초등학교, 도서관에서 학부모를 대상으로 한글 및 독서·논술 교육 강사로 활동하고 있습니다.

지은 책으로 『미리 보고 개념 잡는 초등 독서감상문 쓰기』, 『안중근: 이야기 교과서 인물』, 『한글을 깨치는 비법 한깨비 한글 공부 1~5』, 『초등 글쓰기 무작정 따라하기: 첫걸음 편』, 『책 읽어주기의 힘』 등이 있습니다.

• 블로그: https://blog.naver.com/tomatovirus1
• 이메일: tomatovirus@hanmail.net

**매일 위대해지는 글쓰기**
**씀** 초등 6단계

**초판 1쇄 인쇄** 2024년 4월 19일
**초판 1쇄 발행** 2024년 4월 30일

**지은이** 최승한
**발행인** 박효상 | **편집장** 김현 | **기획·편집** 장경희, 이한경
**디자인** 임정현 | **마케팅** 이태호, 이전희 | **관리** 김태옥
**교정·교열 진행** 박나리 | **내지 디자인** 페이지트리 | **삽화** 권석란

**종이** 월드페이퍼 | **인쇄·제본** 예림인쇄·바인딩 | **출판등록** 제10-1835호
**펴낸 곳** 사람in | **주소** 04034 서울시 마포구 양화로11길 14-10(서교동) 3F
**전화** 02) 338-3555(代) **팩스** 02) 338-3545 | **E-mail** saramin@netsgo.com
Website www.saramin.com

ISBN 979-11-7101-062-2 64710
        979-11-7101-010-3 (set)

| 어린이제품안전특별법에 의한 제품표시 | |
| --- | --- |
| **제조자명** 사람in<br>**제조국명** 대한민국<br>**사용연령** 5세 이상 어린이 제품 | **전화번호** 02-338-3555<br>**주    소** 서울시 마포구 양화로<br>11길 14-10 3층 |

우아한 지적만보, 기민한 실사구시  사람in

# 매일 위대해지는 글쓰기

최승한 지음

사람in
saram
in.com

'쓰기'의 중요성이 나날이 커지고 있습니다. 예전에는 객관식 정답만 잘 맞히면 좋은 성적을 받을 수 있었지만, 이제는 쓰기를 잘해야 합니다. 주관식 문제뿐 아니라 수행평가 비중이 높아지면서 수학에서도 문제 해결 과정을 글로 표현할 수 있어야 합니다. 마찬가지로 과학도 단순히 무언가를 아는 것보다 그 적용을 중시합니다. 실험만 하는 것이 아니라 실험한 결과를 글로 쓸 수 있어야 한다는 말입니다.

수행평가뿐만이 아닙니다. 논술은 그 의미를 재조명받고, 대입에서도 점차 중요성이 커질 것으로 예상됩니다. 그리고 더 중요한 것이 있습니다. 학교나 사회는 학생이나 직원을 선발할 때 그가 오랫동안 꾸준히 한 분야에서 성과를 얻기 위해 어떤 노력을 했는지 알아보기 위해 '학교생활기록부(교과 학습 발달 상황, 창의적 체험활동 상황, 행동 특성 및 종합 의견)' 자체를 중요하게 여깁니다. 학교생활기록부에는 학생이 '무엇을 어떻게' 노력했는지 구체적인 표현이 들어가야 해서 교사는 그 학생이 무언가를 이루기 위해 노력하는 과정을 관찰·평가할 수 있는 자료가 필요합니다. 그것이 바로 학생의 '쓰기'입니다. 학생이 탐구하고 있다는 그 자체가 중요한 게 아니라 '어떻게' 했는지 볼 수 있어야만 선생님도 학교생활기록부를 충실히 기록할 수 있기 때문입니다.

"교과 내용을 실생활의 관심사와 연계하여 탐구하라, 심화한 교과 탐구활동을 하라, 진로에 관련된 경험을 꾸준히 쌓으라, 새로운 탐구 주제를 찾아 연구를 진행하라, 어떤 대상에 호기심을 가지고, 깊고 꾸준히 연구하라."

학교생활기록부에 반영하는 내용 모두가 '수준 높은 쓰기 능력'을 필요로 합니다. 학생은 글을 완성하는 능력을 갖춰야만 자신이 이룩한 성과를 타인에게 설명할 수 있습니다. 이를 위해서 말하기도 중요하겠지만 이보다 더 연습이 필요한 기능이 '쓰기'라는 것은 누구도 부정할 수 없습니다. 핵심어를 토대로 자유자재로 글을 쓸 수 있다면 학교나 사회에서 필요한 인재가 될 수 있습니다. 따라서 이제는 매일 꾸준히 글을 쓰는 연습을 해야 하는 시대가 된 것입니다.

쓰기의 기초를 갖춰야 할 초등학교부터 쓰기를 어려워하는 학생이 많습니다. 미디어의 영향으로 책을 읽고, 쓰는 시간이 줄어들었기 때문입니다. 하지만 앞에서 강조한 시대의 요구에 따라 아이들은 쓰기 연습을 단계적으로 매일 꾸준히 반복적으로 해야 합니다. 〈매일 위대해지는 글쓰기 씀〉은 1, 2, 3단계에 이어 한층 심화한 4, 5, 6단계를 준비했습니다. 6단계까지 꾸준히 연습하다 보면 아이들은 쓰기의 기초를 체계적으로 습득하게 되고, 결국 쓰기 활동을 즐길 기회를 얻을 것입니다. 매일 한두 쪽의 분량을 정해서 반복적으로 쓰는 시간을 가지며 2~3년을 꾸준히 노력한다면 '쓰기'라는 커다란 과제를 전략적으로 해결할 수 있으리라 생각합니다.

이 책을 통해 학생들이 쓰기에 재미를 느끼며 독창적인 자신만의 글을 쓸 수 있는 때가 좀 더 빨리 오기를 바랍니다.

최승한

# 구성 및 특징

## 이 책은 이렇게

〈매일 위대해지는 글쓰기 쑴〉을 통해 글쓰기의 기초를 차근차근 알고 단계별로 제대로 된 여러 종류의
글쓰기를 해 볼 수 있습니다.

### 이것을 배워요!

해당 단원에서 어떤 내용을 배우는지 간단히 정리합니다.

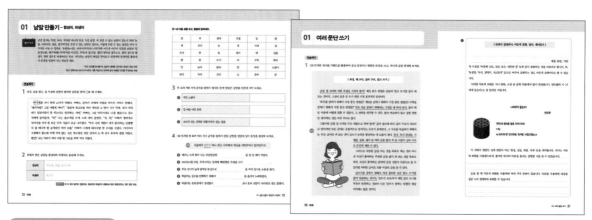

### 본격 글쓰기 연습

낱말부터 문장과 문단까지 다양한 종류의 글쓰기를 '연습하기'와 '직접 써 보기' 코너를 통해 차근차근 연습합니다.

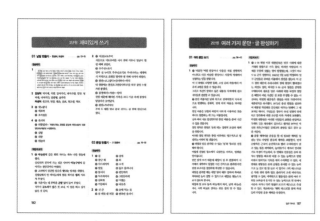

### 답안 가이드

문제의 정답과 예시 답안을 제공합니다. 부모님이 지도할 때
참고할 내용도 함께 실었습니다.

##  오늘은 여기까지

각각의 내용을 언제 연습했는지 표시하면서 한 권을 제대로 끝내 보세요!

| 1단원 | | |
|---|---|---|
| 유닛 | 날짜 | 확인 |
| 01 | _____월 _____일 | |
| 02 | _____월 _____일 | |
| 03 | _____월 _____일 | |
| 04 | _____월 _____일 | |
| 05 | _____월 _____일 | |
| 06 | _____월 _____일 | |
| 07 | _____월 _____일 | |

| 2단원 | | |
|---|---|---|
| 유닛 | 날짜 | 확인 |
| 01 | _____월 _____일 | |
| 02 | _____월 _____일 | |
| 03 | _____월 _____일 | |
| 04 | _____월 _____일 | |
| 05 | _____월 _____일 | |
| 06 | _____월 _____일 | |
| 07 | _____월 _____일 | |

| 3단원 | | |
|---|---|---|
| 유닛 | 날짜 | 확인 |
| 01 | _____월 _____일 | |
| 02 | _____월 _____일 | |
| 03 | _____월 _____일 | |
| 04 | _____월 _____일 | |
| 05 | _____월 _____일 | |

| 4단원 | | |
|---|---|---|
| 유닛 | 날짜 | 확인 |
| 01 | _____월 _____일 | |
| 02 | _____월 _____일 | |
| 03 | _____월 _____일 | |

| 5단원 | | |
|---|---|---|
| 유닛 | 날짜 | 확인 |
| 01 | _____월 _____일 | |
| 02 | _____월 _____일 | |
| 03 | _____월 _____일 | |
| 04 | _____월 _____일 | |
| 05 | _____월 _____일 | |

| 6단원 | | |
|---|---|---|
| 유닛 | 날짜 | 확인 |
| 01 | _____월 _____일 | |
| 02 | _____월 _____일 | |
| 03 | _____월 _____일 | |
| 04 | _____월 _____일 | |
| 05 | _____월 _____일 | |
| 06 | _____월 _____일 | |

| 7단원 | | |
|---|---|---|
| 유닛 | 날짜 | 확인 |
| 01 | _____월 _____일 | |
| 02 | _____월 _____일 | |
| 03 | _____월 _____일 | |
| 04 | _____월 _____일 | |
| 05 | _____월 _____일 | |
| 06 | _____월 _____일 | |

# 재미있게 쓰기

'파생어·합성어, 관용어, 속담'을 좀 더 자세하게 배우고, 이를 활용해서 문장과 문단을 완성해 봐요. 글을 쓸 때 활용할 수 있는 여러 가지 재미있는 말이 많아요. '파생어·합성어, 관용어, 속담' 등이 그렇죠. 이러한 낱말이나 어구, 문장을 활용하면 독자가 '쉽고 재미있게 읽을 수 있는 글'을 쓸 수 있어요.

여기에 더해서 지금까지 꾸준히 공부했던 '낱말, 문장, 문단의 구조'를 릴레이 글쓰기, 오감을 활용한 표현 넣기 등을 통해 다시 한번 재미있게 연습해 봐요.

# 01 낱말 만들기 - 합성어, 파생어

 **알아 두기**

낱말 중에는 '안경, 바다, 차'처럼 하나의 뜻을 가진 낱말, 즉 쪼갤 수 없는 낱말이 있는가 하면 '논밭, 사과나무, 일꾼, 맨주먹'처럼 쪼갤 수 있는 낱말도 있어요. 이렇게 쪼갤 수 있는 낱말은 다시 두 가지로 나눌 수 있어요. '논밭(논+밭), 사과나무(사과+나무)'처럼 어근과 어근이 연결된 낱말과 '일꾼(일+꾼), 맨주먹(맨+주먹)'처럼 어근(일, 주먹)과 접사(꾼, 맨)가 합쳐진 경우로요. 앞의 경우를 합성어, 뒤의 경우를 파생어라고 하죠. 여기서는 낱말의 짜임을 알아보고 파생어와 합성어를 활용해서 문장을 만들어 보는 연습을 해요.

\* 어근: 단어를 분석할 때, 실질적 의미를 나타내는 중심이 되는 부분
\* 접사: 단독으로 쓰이지 아니하고 다른 어근이나 단어에 붙어 새로운 단어를 구성하는 부분

---

**연습하기**

**1** 다음 글을 읽고, 둘 이상의 낱말이 합쳐진 낱말을 찾아 ○표 해 주세요.

> (벽시계)를 보니 벌써 12시가 되었다. 아빠는 갑자기 나에게 국밥을 먹으러 가자고 말했다. "돼지국밥? 그걸 어떻게 먹어?", "된장에 풋고추를 찍어 먹으면 그 맛이 기가 막혀. 네가 아직 아기 입맛이라서 못 먹는다고 생각하는 거야." 아빠는 그냥 막무가내로 나를 맨손으로 끌고 가게에 들어갔다. "악!" 나는 울보처럼 크게 소리 내어 울었다. "자, 뚝!" 아빠가 병따개로 사이다를 따서 한 모금 주자 기분이 조금 나아졌다. "먹고 나서 지원이 네가 좋아하는 단팥빵 사 줄 테니까 한 숟가락만 먹어 보렴." 아빠가 나에게 돼지국밥 한 수저를 건넸다. 여기까지 고생해서 왔는데 아예 먹지 않는 것은 헛고생인 것만 같아서 눈 딱 감고 후루룩 짭짭 먹었다. 웬걸? 나는 먹보가 되어 국밥 한 그릇을 뚝딱 먹어 치웠다.

**2** 위에서 찾은 낱말을 합성어와 파생어로 분류해 주세요.

| 합성어 | 벽시계, 국밥, 들어가다 |
|---|---|
| 파생어 | 풋고추 |

**잠깐만!!** 꼭 다 찾지 않아도 괜찮아요. 합성어와 파생어가 생활에서 많이 활용된다는 점만 알면 돼요.

**[3~4] 다음 표를 보고, 물음에 답하세요.**

| 김 | 피 | 검다 | 선생 | 일 | 발 |
|---|---|---|---|---|---|
| 샛 | 오리 | 손 | 별 | 사과 | 날 |
| 수건 | 풋 | 입 | 쟁이 | 애 | 걸음 |
| 맨 | 밥 | 고기 | 되 | 주먹 | 뛰다 |
| 멋 | 놀다 | 붉다 | 땀 | 바닥 | 노랗다 |
| 찾다 | 자리 | 꼬리 | 님 | 호박 | 꾼 |

**3** 위 표의 여러 가지 글자를 합쳐서 제시된 뜻에 알맞은 낱말을 빈칸에 적어 보세요.

**❶** 매우 노랗다

**❷** 덜 여문 어린 호박

**❸** 오리가 걷는 것처럼 뒤뚱거리며 걷는 걸음

**4** 〈보기〉처럼 위 표의 여러 가지 글자를 합쳐서 만든 낱말을 빈칸에 넣어 문장을 완성해 보세요.

> 보기  서울에서 <u>맨주먹</u> 하나 갖고 시작해서 재산을 이만큼이나 일구었구나!

**❶** 예주는 녹색 빛이 나는 새콤달콤한 _____ 를 한 입 베어 먹었다.

**❷** 1945년 8월 15일, 우리나라는 일제에 빼앗겼던 주권을 다시 _____ .

**❸** 푸른 잔디가 넓게 펼쳐진 동산으로 _____ 을 싸서 즐거운 소풍을 왔다.

**❹** 혁준이는 실수를 만회하기 위해서 _____ 을 흘리며 노력하였다.

**❺** 하율이는 운동장에서 정신없이 _____ 보니 옷과 신발이 더러워진 것도 몰랐다.

**직접 써 보기**

**1** 제시된 여러 가지 낱말을 합쳐서 만든 파생어나 합성어를 활용하여 〈보기〉처럼 재미있는 문장을 만들어
보세요.

| 날    고기 |
|----------|
| 달걀   짐승 |

- 날달걀을 어떻게 먹느냐며 소리쳤던 승희가 날고기로 만든 육회를 가장 많이 먹었다.
- 타조의 알은 날짐승의 알 중 큰 편에 속한다.
- 가수들은 목을 보호하기 위해 날달걀을 많이 먹는다.

❶

| 바늘    방석 |
|-----------|
|     구멍  |

- 어제 간 이모 댁은 바늘방석에 앉은 것처럼 불편했다.

_____

_____

❷

| 쓰다    힘 |
|----------|
| 부르다   빛 |
| 배     나다 |

- 점심을 먹고 아빠가 사 온 간식을 먹었더니 아직도 배부르다!

_____

_____

❸

| 군     소리 |
|-----------|
| 돈     말 |
|    식구   |

- 군식구가 둘씩이나 늘어나니 군돈 쓰는 것이 많아진다.

_____

_____

**2** 제시된 낱말을 자신이 아는 낱말로 바꾸어 쓰고, 그 낱말을 활용해서 〈보기〉처럼 재미있는 문장을 만들어 보세요.

> **보기**
>
> 롤모델 → ( 역할+본보기 )
>
> ➡ 나는 역할본보기인 아빠처럼 언젠가 가족에게 존경받는 사람이 되고 싶다.

❶ 액세서리 → ( 미(美)+도우미 )

➡ ..............................................................................................

> **잠깐만!!** 파생어나 합성어 형식이 아니라도 낱말을 합치거나 잘라 재미있는 단어를 완성해 보세요.

❷ 로켓발사 → ( )

➡ ..............................................................................................

❸ 소확행(소소하지만 확실한 행복) → ( )

➡ ..............................................................................................

❹ 측은지심(남을 측은히 여기는 마음) → ( )

➡ ..............................................................................................

❺ 녹다운 → ( )

➡ ..............................................................................................

# 02 | 문장 만들기 – ① 관용어

 **알아 두기**
관용어란 사전적인 의미로 '습관적으로 쓰는 말', '두 개 이상의 단어로 이루어져 있으면서 그 단어들의 의미만으로는 전체의 의미를 알 수 없는, 특수한 의미를 나타내는 어구'를 뜻해요. 예를 들면 '손발이 맞다'라는 어구는 '함께 일을 하는 데 마음이나 의견, 행동 등이 서로 맞다'는 것을 뜻하는 관용어예요. 이러한 관용어는 다른 사람에게 전하고 싶은 말을 쉽게 전달하고, 재미있는 표현이 많아서 글을 돋보이게 할 수 있죠. 여기서는 여러 가지 관용어를 사용하여 재미있는 문장을 만들어 봐요.

**연습하기**

**1** 관용어의 뜻에 맞게 빈칸에 들어갈 말을 〈보기〉에서 찾아 써 보세요.

**보기**
잘못, 겁, 둘러서, 내숭을, 거듭해서, 잘난 체, 크게, 끊고 물러나다, 쉽게,
어쨌든, 심하게, 화, 편안하게, 익숙해지다, 두드러지게, 그럴듯하게

| 관용어 | 뜻 |
|---|---|
| 간이 크다 | ❶ _____ 이 없고 대담하다. |
| 귀가 얇다 | ❷ 남의 말을 _____ 받아들이다. |
| 코가 높다 | ❸ _____ 하고 뽐내는 기세가 있다. |
| 콩 튀듯 팥 튀듯 | ❹ 몹시 _____ 가 나서 펄펄 뛰는 모양 |
| 눈에 띄다 | ❺ _____ 드러나다. |
| 눈이 동그래지다 | ❻ 아주 놀라서 눈을 _____ 뜨다. |
| 뒤가 구리다 | ❼ 숨겨 둔 약점이나 _____ 이 있다. |
| 발을 빼다 | ❽ 어떤 일에서 관계를 완전히 _____. |
| 변죽을 울리다 | ❾ 바로 집어 말을 하지 않고 _____ 말을 하다. |
| 속을 달래다 | ❿ 좋지 아니한 위장의 상태를 좀 _____ 만들다. |

| 손에 익다 | ⓫ 일이 손에 _____. |
| 입만 살다 | ⓬ 말에 따르는 행동은 없으면서 말만 _____ 잘하다. |
| 입이 짧다 | ⓭ 음식을 _____ 가리거나 적게 먹다. |
| 죽이 되든 밥이 되든 | ⓮ 일이 제대로 되든지 안 되든지 _____ |
| 침이 마르다 | ⓯ 다른 사람이나 물건에 대하여 _____ 말하다. |
| 호박씨를 까다 | ⓰ 안 그런 척 _____ 떨다. |

**2** 앞에 제시된 관용어를 활용하여 빈칸에 알맞은 어구를 써 보세요.

❶ 준서는 어렸을 적부터 무서움이라고는 찾아볼 수 없는 _____ 아이였다.

❷ 시연이는 6개월간 일기를 꾸준히 썼더니, 글쓰기가 _____ 느꼈다.

❸ 하율이는 가은이가 자신의 연필심을 부러뜨렸다고 _____ 야단을 부렸다.

❹ 주혁이는 늘 어떤 얘기를 확실하게 하지 않고, _____ 다른 사람을 답답하게 하는 재주가 있다.

❺ 　어제 지환이에게 민서가 나를 _____ 칭찬을 했다는 소리를 들었다. 국어 시간에 모둠 활동을 하는데 다른 모둠원은 움직이기 싫어했지만 나만 _____ 열심히 했다는 얘기였다. 그 말을 듣고 나니 뭔가 _____ 느낌이 들었다.
　민서가 나를 그렇게 칭찬했지만 나는 그렇게 좋은 사람은 아니다. 여러 가지 음식을 가리는 _____ 아이, 말만 하고 행동은 하지 않는 _____ 아이, 심지어 친구의 말에 화나서 _____ 할 때도 있는 아이다.
　앞으로 민서의 칭찬처럼 뒤에서 _____, _____ 아이가 될 수 있게 노력해야겠다. 그리고 다른 사람을 도와서 _____ 정도로 바른 사람이 되고 싶다.

**1** 제시된 관용어를 활용해서 〈보기〉처럼 문장을 만들어 보세요.

> 보기
>
> 〈금이 가다〉 서로의 사이가 벌어지거나 틀어지다.
>
> 친구들끼리 험담을 하는 사건으로 인해서 서연이와 효주의 우정에 <u>금이 갔다</u>.

❶ 〈말꼬리를 잡다〉 남의 말 가운데서 잘못 표현된 부분의 약점을 잡다.

```



```

❷ 〈발이 넓다〉 사귀어 아는 사람이 많아 활동하는 범위가 넓다.

```



```

❸ 〈피를 토하다〉 격렬한 의분을 터뜨리다.

```



```

❹ 〈바가지를 긁다〉 주로 아내가 남편에게 생활의 어려움에서 오는 불평과 잔소리를 심하게 하다.

```



```

**2** '신체와 관련된 관용어'로 마인드맵을 작성하고, 문단을 만들어 보세요.

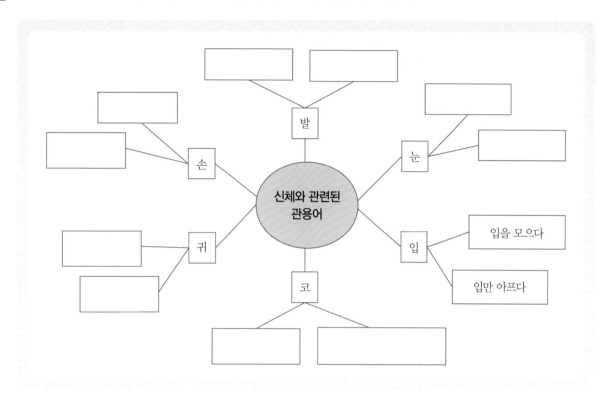

❶ 위에 쓴 관용어 가운데 두 가지를 골라 〈보기〉처럼 관련된 경험을 적어 보세요.

| 관용어 | 관련된 경험 |
|---|---|
| 보기 입만 아프다 | 엄마는 말을 듣지 않는 나를 보며, 입만 아프다고 하셨다. |
|  |  |
|  |  |

❷ 위의 내용을 참고하여 관용어가 포함된 한 문단을 만들어 보세요.

# 03 문장 만들기 - ② 속담

 **알아 두기** 속담이란 사전적인 의미로 '예로부터 민간에 전하여 오는 쉬운 격언이나 잠언'을 뜻해요. 다른 사람에게 속담을 활용하여 자신의 생각을 전달하면 좀 더 설득력 있는 글을 쓸 수 있어요. "서로 협동하는 교실을 만듭시다."보다는 "'백지장도 맞들면 낫다'라는 속담이 있는 것처럼 서로 협동하는 교실을 만듭시다."라는 문장이 더 호소력이 있죠. 여기서는 조상의 슬기와 지혜를 담은 속담의 뜻을 알아보고, 속담을 활용하여 여러 가지 재미있는 문장을 만들어 봐요.

## 연습하기

**1** 속담의 뜻에 맞게 빈칸에 들어갈 말을 〈보기〉에서 찾아 써 보세요.

> **보기** 답답한, 생각, 다툼, 망신시킨다, 더 큰 흉, 허점, 뜻하지 않은 일,
> 고약하다, 저지르게 됨, 성과가 없는, 불평함

| 속담 | 뜻 |
|---|---|
| 가는 날이 장날 | ❶ 어떤 일을 하려고 하는데 ＿＿＿＿＿＿＿＿＿＿ 을 공교롭게 당함 |
| 꿀 먹은 벙어리 | ❷ 속에 있는 ＿＿＿＿＿＿＿ 을 나타내지 못하는 사람을 이르는 말 |
| 눈 감으면 코 베어 먹을 세상 | ❸ 눈을 멀쩡히 뜨고 있어도 코를 베어 갈 만큼 세상인심이 ＿＿＿＿＿＿ 는 말 |
| 도토리 키 재기 | ❹ 정도가 고만고만한 사람끼리 서로 ＿＿＿＿＿＿＿ 을 이르는 말 |
| 똥 묻은 개가 겨 묻은 개 나무란다 | ❺ 자기는 ＿＿＿＿＿＿＿ 이 있으면서 도리어 남의 작은 흉을 본다는 말 |
| 마른논에 물대기 | ❻ 일이 매우 힘들거나 힘들여 해 놓아도 ＿＿＿＿＿＿＿ 경우를 이르는 말 |
| 벙어리 냉가슴 앓듯 | ❼ ＿＿＿＿＿＿＿ 사정이 있어도 남에게 말하지 못하고 혼자만 괴로워하며 걱정하는 경우를 이르는 말 |
| 선무당이 사람 잡는다 | ❽ 능력이 없어서 제구실을 못하면서 함부로 하다가 큰일을 ＿＿＿＿＿＿＿ 을 이르는 말 |

| | |
|---|---|
| 어물전 망신은 꼴뚜기가 시킨다 | ❾ 지지리 못난 사람일수록 같이 있는 동료를 ＿＿＿＿＿＿＿＿＿＿＿＿ 는 말 |
| 종로에서 뺨 맞고 한강에서 눈 흘긴다 | ❿ 욕을 당한 자리에서는 아무 말도 못 하고 뒤에 가서 ＿＿＿＿＿＿＿＿＿＿ 을 이르는 말 |
| 주머니 털어 먼지 안 나오는 사람 없다 | ⓫ 아무리 깨끗하고 선한 사람이라 하더라도 숨겨진 ＿＿＿＿＿＿＿＿＿ 은 있다는 말 |

**2** 앞에 제시된 속담을 활용하여 빈칸에 알맞은 말을 써 보세요.

❶ 자동차 운전자가 무단 횡단을 하는 아주머니에게 경적을 크게 울리고 화를 냈다. 그러고 나서 그 차는 파란불이 켜진 횡단보도를 정차하지 않고 그냥 통과했다. 이런 사건을 보니 ＿＿＿＿＿＿＿＿＿＿＿＿＿＿＿＿＿＿＿＿＿＿＿＿＿＿ 는 속담이 생각났다.

❷ 어제 시연이는 가은이가 자신의 험담을 했다는 말을 다율이에게 들었다. 시연이는 가은이에게 자신을 험담을 한 이유를 물어보고 싶었지만 차마 입 밖으로 그 말이 나오지 않았다. 시연이는 ＿＿＿＿＿＿＿＿＿＿＿＿＿＿＿＿＿＿＿＿＿ 가은이를 보며 입술만 달싹거렸다.

❸ 어제 저녁에 갑자기 컴퓨터에 에러가 떴다. 평소 컴퓨터에 관심이 없던 아빠가 웬일로 컴퓨터를 고치겠다며 발 벗고 나섰다. 하지만 다음 날 컴퓨터는 아예 켜지지도 않았다. ＿＿＿＿＿＿＿＿＿＿＿＿＿＿＿＿＿＿＿＿＿ 더니 딱 아빠를 두고 하는 말이었다.

❹ 학교 수학 시험 점수를 본 엄마는 민희를 크게 야단쳤다. 한 소리를 들은 민희는 옆에서 가만히 앉아 있던 동생에게 "뭐 볼 게 있다고 나와 있어! 얼른 네 방으로 돌아가!"라고 소리쳤다. ＿＿＿＿＿＿＿＿＿＿＿＿＿＿＿＿＿＿＿＿＿＿＿ 더니 괜한 화풀이 상대가 된 동생은 속이 상해서 크게 울었다.

❺ 오늘 가는 소풍을 위해서 지후는 아침 일찍 일어나서 엄마와 함께 김밥을 싸고, 예쁜 옷도 입었다. '띠링!' 갑자기 엄마의 스마트폰이 울렸다. "미세먼지 농도가 나빠서 오늘 소풍은 취소되었습니다." ＿＿＿＿＿＿＿＿＿＿＿＿＿＿＿＿＿＿＿ 이라더니 지후는 미세먼지가 너무나 원망스러웠다.

**1** 제시된 속담을 '사용할 수 있는 상황'을 〈보기〉처럼 한 문장으로 나타내 보세요.

〈닭 쫓던 개 지붕 쳐다보듯〉

보기 애써 하던 일이 실패로 돌아가거나 남보다 뒤떨어져 어찌할 도리가 없이 됨을 이르는 말

운동회의 꽃 '청백계주'에서 승리하기 위해서 친구들과 며칠이나 연습했지만 운동회 전날 다리가 부러져서 연습이 아무 소용없게 되었다.

❶ 〈지렁이도 밟으면 꿈틀한다〉

아무리 눌려 지내는 미천한 사람이나, 순하고 좋은 사람이라도 너무 업신여기면 가만있지 아니한다는 말

❷ 〈소 잃고 외양간 고친다〉

일이 이미 잘못된 뒤에는 손을 써도 소용이 없음을 비꼬는 말

❸ 〈하룻강아지 범 무서운 줄 모른다〉

철없이 함부로 덤비는 경우를 비유적으로 이르는 말

❹ 〈까마귀 고기를 먹었나〉

무엇을 까맣게 잘 잊어버리는 사람을 핀잔하는 투로 이르는 말

**2** '다양한 주제의 속담'으로 마인드맵을 작성하고, 문단을 만들어 보세요.

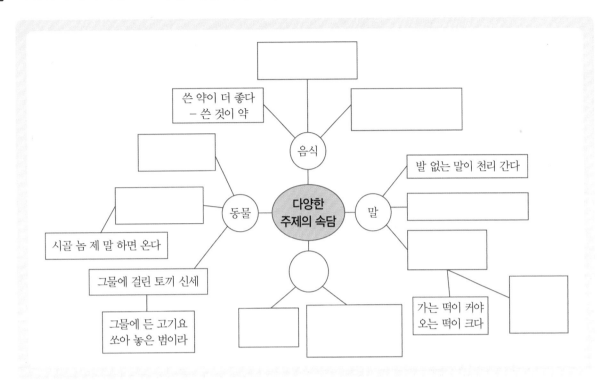

❶ 위에 제시된 속담 가운데 두 가지를 골라 〈보기〉처럼 관련된 경험을 적어 보세요.

| 속담 | 관련된 경험 |
|---|---|
| 보기 쓴 약이 더 좋다 | 엄마가 매일 두 시간씩 책을 읽자고 했다. 처음에는 하기 싫었지만 하다보니 어느 순간 독서가 좋아졌다. |
|  |  |
|  |  |

❷ 위의 내용을 참고하여 속담이 포함된 한 문단을 만들어 보세요.

**직접 써 보기** [1~3] 〈보기〉처럼 제시된 조건을 만족시키며 문장을 이어 써서 '릴레이 글'을 완성해 보세요.

1. '벼 이삭은 익을수록 고개를 숙인다'라는 말이 있습니다.

↓

**조건:** 관련된 자신의 경험 쓰기 / **사용 낱말:** 군소리, 수학, 친구

2. <u>친구</u> 한 명이 갑자기 자기가 학교에서 <u>수학</u>을 제일 잘한다고 나에게 <u>군소리</u>를 했습니다.

↓

**조건:** 비교·대조하여 쓰기 / **사용 낱말:** 톡 쏘다, 조용히, 화

3. 그 소리를 듣고 지유는 <u>조용히</u> 있었지만, 나는 <u>화</u>가 나서 "그러면 이 문제도 풀 수 있겠네?"라고 <u>톡 쏘</u>았습니다.

↓

**조건:** 다음에 일어난 일 쓰기 / **사용 낱말:** 어금니를 악물다, 어렵다, 풀다

4. 학원 선생님께서 <u>어렵</u>다고 말씀하셨던 문제를 잘난 체하는 친구에게 던졌습니다. 그 친구는 <u>어금니를 악물</u>고 문제를 <u>풀</u>기 시작했습니다.

↓

5. 친구가 눈에 불을 켜고 풀고 있을 때 지유는 조용히 나에게 속삭였습니다. "1!" 바로 문제의 정답이었습니다.

↓

**조건:** 의견 쓰기 / **사용 낱말:** 등잔 밑이 어둡다, 옆, 겸손하다

6. <u>겸손</u>해야 합니다. <u>등잔 밑이 어두운</u> 것처럼 자기보다 잘하는 사람이 바로 <u>옆</u>에 있을 수도 있기 때문입니다.

# 1

**❶** 몸이 너무 피곤해서 소파에서 새우잠을 잤다.

⬇

**조건:** 내용이 비슷하거나 반대되는 내용 쓰기 / **사용 낱말:** 쪽잠, 거실, 자다

**❷**

⬇

**조건:** 장소를 '침대'로 옮기기 / **사용 낱말:** 피는 물보다 진하다, 젖 먹은 힘까지 다 낸다

**❸**

⬇

**조건:** 원인과 결과로 쓰기 / **사용 낱말:** 깨다, 시원하다, 침대

**❹**

⬇

**조건:** 의견 쓰기 / **사용 낱말:** 마른하늘에 날벼락, 기분, 입만 아프다

**❺**

⬇

**조건:** 다음에 일어난 일 쓰기 / **사용 낱말:** 콩으로 메주를 쑨다 하여도 곧이듣지 않는다, 속이 끓다

**❻**

**2**

> ❶ 드라마에 대해서 설명하겠습니다.

↓

**조건:** 전체와 부분으로 쓰기 / **사용 낱말:** 장르, 여러 가지, 나누다

❷

↓

**조건:** 원인과 결과로 쓰기 / **사용 낱말:** 난다 긴다 하다, 최고, 때문이다

❸

↓

**조건:** 전체와 부분으로 쓰기 / **사용 낱말:** 눈에 띄다, 많다, 그 외

❹

↓

**조건:** 비교·대조하여 쓰기 / **사용 낱말:** 획을 긋다, 속을 태우다

❺

↓

**조건:** 문제와 해결로 쓰기 / **사용 낱말:** 부진하다, 언 발에 오줌 누기, 조기 종영

❻

**3**

| |
|---|
| ❶ 나는 배가 고프다. |

⬇

**조건:** 파생어나 합성어 넣기

❷

⬇

**조건:** 관용어 넣기

❸

⬇

**조건:** 속담 넣기

❹

⬇

**조건:** 관용어, 속담 넣기

❺

⬇

**조건:** 자유롭게 쓰기

❻

# 오감을 활용한 표현을 넣어 문장 쓰기

**연습하기**

**1** 〈보기〉처럼 어떤 대상을 표현한 글인지 쓰고, 밑줄 친 부분에 그 대상을 오감으로 표현하는 문장을 써 보세요.

> **보기**
>
> 이승만 정부는 1960년 3월 15일, 투표 용지를 바꿔치기하는 등 부정한 방법을 사용하여 대통령 선거에서 승리하였습니다. 마산에서 부정 선거에 항의하는 시위가 처음으로 열렸습니다. 하지만 경찰은 폭력적인 진압을 했고, 마산 앞바다에서 김주열 열사의 시신이 발견되는 사건까지 발생하였습니다. 이를 계기로 시위는 전국으로 확대되었습니다. **시각** 1960년 4월 19일 수많은 사람이 도로로 나와서 태극기를 흔들며 부정 선거와 독재 정부에 항의했습니다. 그들은 이승만은 물러나라고 소리 높여 외쳤습니다.
>
> **대상:** 4·19 혁명

**❶**

이것은 떡과 여러 가지 재료를 고추장과 섞어서 끓이거나 볶는 음식이다. **미각**

_____

_____

_____

_____

_____ 요새는 궁중, 기름, 국물, 크림, 로제, 카레, 짜장, 케첩, 마라 등 다양한 종류의 이것이 등장했다. 이것은 앞으로도 쭉 초등학생의 인기 분식 메뉴로 자리매김할 것이다.

**대상:**

❷ 이 회사는 비디오 렌털 사업에서 시작하여 온라인 스트리밍 사업으로 거대해졌다. 자사 콘텐츠 〈하우스 오브 카드〉(드라마)가 성공하면서 성장하였으며 이것이 〈오징어 게임〉의 제작으로까지 이어졌다. 많은 전문가는 **청각** -----------------------------------------------------------------

----------------------------------------------------------------------------------

----------------------------------------------- 여러 기업에서 스트리밍 서비스를 제공하면서 시장에서 이 회사의 점유율이 점차 떨어질 것으로 예상하고 있는 매체도 있다. 하지만 현재 이 기업은 아직도 전 세계 최대 가입자 수를 유지하며 계속 성장하고 있다.

**대상:**

**하나 더!**
청각적 표현은 누군가가 말한 내용을 적는 것도 포함해요. 여기서는 대상에 대해 전문가가 무슨 말을 했는지 찾아서 적어 보도록 해요.

❸ 미술 시간이었다. 나는 갈색빛을 띠는 이것을 주물러 여러 가지 모양을 만들었다. 주걱과 칼을 이용해서 이것으로 모양을 잡은 형태를 세심하게 다듬었다. **촉각** -----------------------------------------

----------------------------------------------------------------------------------

미술 시간이 끝난 뒤에 세면대에서 손을 씻었다. **시각** --------------------------------------

----------------------------------------------------------------------------------

----------------------------------------------------------------------------------

**대상:**

❹ 지금 이 책을 풀 때, 주변에서 무슨 냄새가 나니? **후각** --------------------------------------

----------------------------------------------------------------------------------

----------------------------------------------------------------------------------

**대상:** 냄새

# 06 오감을 활용한 표현을 넣어 글쓰기 ①

**1** 다음 그림을 보고, 제시된 낱말을 활용해 빈칸에 알맞은 말을 채워 보세요.

**시각** 미소 짓는다, 웃는다, 손이 가지런하다, 머리가 길다, 눈썹이 없다, 자애롭다

**청각** 고요하다, 물이 졸졸 흐르는 소리, 쓱싹 그림 그리는 소리

**후각** 은은한 향, 촛불이 타오를 때 나는 향

**미각** 단맛, 사과처럼 상큼한 맛

**촉각** 부드러운 느낌, 포근한 느낌

### 〈모나리자〉

　프랑스 파리 루브르 박물관에 가면 사람이 끝도 없이 꽉꽉 차 있는 방이 하나 있다. 바로 레오나르도 다빈치가 1503년에서 1506년쯤에 완성한 모나리자가 전시된 방이다. ------------------------------------------------------------------------ 장면을 그린 모나리자는 루브르 박물관에서 가장 인기 있는 작품이며, 레오나르도 다빈치의 대표작으로 평가받는다.

　모나리자를 바라보면 ------------------------------------------------ 이 떠오른다. 방 안에는 -------------------------------------------------- 들리고, 향이 떠다니는 듯하다. 여자의 알 수 없는 미소 때문에 그림에서 ------------------------------------ 이 나는 것 같다.

　이 그림이 더욱 유명해진 계기는 다빈치가 평생 이 그림을 품 안에 가지고 다녔기 때문이라고 한다. 가만히 모나리자를 보면 -------------------------------------------- 감각이 느껴질 때가 있다. 이런 감정 때문일지 모르겠지만 평범한 여자의 초상화가 전 세계적으로 유명한 이유를 조금은 알 것 같기도 하다.

**직접 써 보기**

**1** 자신이 관심을 가졌던 '역사적 사건'을 떠올리고, 오감을 통해 느꼈던 감정을 〈보기〉처럼 구나 문장으로 써 보세요.

| | 보기 | | 나의 관심 |
|---|---|---|---|
| 역사적 사건 | 1443년 한글 창제 | 역사적 사건 | |
| 시각 | 학생들이 글씨 쓰는 모습 | 시각 | |
| 청각 | 사각 사각 사각 쓱쓱 | 청각 | |
| 후각 | 세종대왕의 끝없는 고뇌의 땀내 | 후각 | |
| 미각 | 창제 당시에는 쓴맛이었으나 점차 영광의 맛 | 미각 | |
| 촉각 | 세계의 뜨거운 찬사, 매끄럽고 말랑말랑한 느낌 | 촉각 | |

**2** 위에 적은 것을 토대로 '역사적 사건'에 대해 〈보기〉처럼 글을 써 보세요.

 **세종대왕의 땀내**

사각 사각 사각 쓱쓱
대한민국 곳곳에서 나는 글씨 쓰는 소리
1% 이내의 문맹률
세종대왕의 끝없는 고뇌의 땀내로
세계인의 뜨거운 찬사를 받는
글자가 탄생했다.
태어났을 때의 쓴맛은
점차 영광의 맛으로 변했다.
한글!
위대한 글자의 탄생이었다.

**직접 써 보기**

**1** 〈보기〉처럼 한 대상을 정해서 오감을 활용한 문장을 쓰고, 이 문장으로 재미있는 글을 만들어 보세요.

| | | |
|---|---|---|
| 👁 도서관, 영화관, 카페, 학교, 학원 등에서 여러 가지 글을 읽는 사람들 | 👂 쓰윽, 조용히 책 넘기는 소리. 좌르르, 빠르게 책 넘기는 소리 | 👃 오래된 책에서 나는 눅눅한 내음. 신간에서 나는 잉크와 접착제 냄새 |
| 👅 내가 사랑하는 책일수록 맛있는 맛이 난다. 여러 번 맛봐도 질리지 않는 책이 있다. | **독서** | ✋ 말랑말랑한 솜사탕 같은 책. 거칠고 울퉁불퉁한 책. 모든 책에는 각각의 독특한 촉감이 있다. |

⬇

**보기**

### 〈독서〉

독서는 세상 어디에서든 이루어진다. 도서관, 영화관(팸플릿), 카페(메뉴), 학교, 학원 등 등. 인간의 활동은 글을 읽고 쓰는 것으로 이루어진다고 해도 과언이 아니다.

당신은 무슨 책을 읽을 때 행복한가? 오래된 책에서 나는 눅눅한 내음, 신간에서 나는 잉크와 접착제 냄새, 말랑말랑한 솜사탕 같은 책, 거칠고 울퉁불퉁한 책. 모든 책에는 그 책만이 가진 독특한 감각이 있다. 특히 내가 사랑하는 책일수록 맛있는 맛이 올라온다. 수백 번을 맛봐도 질리지 않는 책이 사람마다 다르다.

오늘도 곳곳에서 책을 읽는다. 쓰윽, 조용히 책 넘기는 소리. 좌르르, 빠르게 책 넘기는 소리. 무언가를 즐기고 연구하는 사람들의 소리가 오늘도 날 행복하게 만든다.

| | | |
|---|---|---|
| | | |
| | 〈　　　　　　　〉 | |

↓

〈　　　　　　　　〉

--------------------------------------------------------

--------------------------------------------------------

--------------------------------------------------------

--------------------------------------------------------

--------------------------------------------------------

--------------------------------------------------------

--------------------------------------------------------

--------------------------------------------------------

--------------------------------------------------------

--------------------------------------------------------

# 여러 가지 문단·글 완성하기

낱말이 모여 문장을 이루고, 문장이 모여서 문단을 이뤄요. 이렇게 쓴 문단을 하나의 주제로 통일해서 배치하면 좋은 글을 완성할 수 있어요. 여기서는 핵심 키워드를 중심으로 문단을 쓰고, 주제에 알맞은 글을 완성하는 법을 배울 거예요. 거기에 더해서 '글 수준 → 문단 수준 → 문장 수준 → 낱말 수준'에서 글을 점검하고, 고치는 연습을 해 봐요. 제목을 정하고, 글 전체에서 불필요한 문장은 없는지, 문장의 호응은 맞는지, 맞춤법이나 띄어쓰기가 틀리지는 않았는지 세세하게 글을 관찰해요. 이 과정을 모두 경험해 본다면 글쓰기 능력이 한 단계 업그레이드될 거예요.

# 01 여러 문단 쓰기

**연습하기**

**1** 〈보기〉처럼 제시된 키워드를 활용하여 중심 문장이나 뒷받침 문장을 쓰고, 하나의 글을 완성해 보세요.

( 과정, 해 보다, 글의 구조, 읽고 쓰기 )

글을 잘 쓰려면 어떤 과정을 거쳐야 할까? 제일 좋은 방법은 단순히 '읽고 쓰기'를 많이 해 보는 것이다. 그것이 글을 잘 쓰기 위한 가장 효과적인 방식이다.

'축구를 잘하기 위해서 가장 좋은 방법은? 게임을 잘하기 위해서 가장 좋은 방법은? 수학을 잘하기 위해서 가장 좋은 방법은?' 모든 것을 잘하기 위해서는 그것을 해 봐야 한다. 많이 해 본 이후에 어떻게 잘할 수 있을지, 그 전략을 생각할 수 있다. 많이 연습하지 않고 잘할 방법만 생각하는 것은 아무 의미도 없다.

그렇다면 글을 잘 쓰려면 무슨 내용으로 써야 할까? 글의 장르에 따라 글의 구조가 다르다고 말하지만 모든 글에는 공통적으로 들어가는 구조가 존재한다. 그 구조를 학습하기 위해서는 무슨 글이든 써 보는 것이 글쓰기 능력을 향상하는 데 도움이 된다. 일기, 독서 감상문, 기행문, 동화, 편지 등 여러 글을 많이 써 본 사람이 글의 구조도 튼튼히 세울 수 있다.

그러므로 다양한 글을 쓰는 것을 목표로 하는 것이 아니라 자신이 좋아하는 주제의 글을 많이 써 보는 것을 목표로 하자. 자신이 좋아하는 분야의 글을 전문가 수준으로 쓸 수 있다면 어떠한 글이든 보통 이상의 글을 쓸 수 있다.

글쓰기를 잘하기 위해서 가장 중요한 것은 '읽고 쓰기'를 많이 연습하는 것이다. '글쓰기 초보자'가 매일 읽고 쓰기를 꾸준히 반복하는 것보다 나은 '글쓰기 잘하는 방법'은 세상 어디에도 없을 것이다.

**❶**

( 빗대어 설명하다, 비유적 표현, 쉽다, 재미있다 )

_____ 예를 들면, '사람 의 마음'을 '따뜻한 난로, 맑은 호수, 깨끗한 물' 등과 같이 표현하는 것을 비유라고 합니다. 또, '동생'을 '자석, 껌딱지, 사고뭉치' 등으로 바꾸어 표현하는 것도 비유적 표현이라고 할 수 있습니다.

이러한 비유적 표현은 시나 동화, 소설 등 문학 작품에서 많이 발견됩니다. 안도현의 시 〈너에게 묻는다〉는 잘 알려진 시입니다.

## 너에게 묻는다

안도현

연탄재 함부로 발로 차지 마라

너는

누구에게 한 번이라도 뜨거운 사람이었느냐

이 시에서 '연탄'은 실제 연탄이 아닌 '열정, 진실, 외침, 자유' 등을 의미합니다. 작가는 비유적 표현을 사용함으로써, 짧지만 독자의 마음을 울리는 강렬한 시를 쓸 수 있었습니다. _____ _____

글을 쓸 때 비유적 표현을 사용하면 여러 가지 장점이 있습니다. 비유를 사용하면 대상을 실감 나고 생생하게 표현할 수 있습니다. _____ _____

**②**

( 경제, 경제 외적, 통합하다, 줄이다, 보상, 영구적 )

  통일을 하면 얻거나 잃을 수 있는 것을 '분단 비용, 통일 비용, 통일 편익'으로 나누어 살펴보겠습니다.

  ----------------------------------------------------------------

  분단 비용에서 가장 큰 비용을 차지하는 것은 국방비 지출입니다. 이 외에도 외교 비용이나 사람들에게 통일에 대한 교육을 하는 돈도 분단 비용에 포함됩니다. 이러한 분단 비용은 통일과 동시에 사라지겠지만 그전까지는 지속적으로 발생할 것입니다.

  통일 비용은 통일이 이루어지면 발생하는 경제적, 경제 외적 비용을 말합니다. ----------------

  ---------------------------------------------------- 예를 들면, 정치나 행정 제도, 화폐·금융·규격 등을 통일하는 데 비용이 발생합니다. 이 외에도 생산 기반 시설의 구축이 필요하고, 치안 등 사회 문제 처리를 위한 비용이 들어갈 수도 있습니다.

  이러한 통일 비용은 통일이 이루어진 후, 일정한 시간 동안 발생합니다. 통일 이후 우리 민족이 더 잘 살기 위한 투자 비용의 성격을 띠기 때문에 ----------------------

  ----------------------------------------------------------------

  마지막으로 ----------------------------------------------------

  ----------------------------------------------------------------

통일 편익은 통일로 발생하는 비용보다 훨씬 클 것입니다. 분단 비용이 없어지고, 남과 북이 하나로 합쳐지면 생산과 판매를 할 수 있는 시장이 확대될 것입니다. 또, 한반도에 전쟁의 위험이 없어져서 한국의 국제적 위상이 높아지고, 관광객도 더 많아질 것으로 기대됩니다.

**❸**

( 날, 장소, 나침반, 방위, 달, 일정하다, 맨눈, 강하다 )

 하루 동안 하늘에서 태양과 달의 위치가 어떻게 변화하는지 관찰하는 실험 방법을 설명하고, 관측 결과를 알아보겠습니다.

 먼저, _____

_____

구름이 많지 않은 맑은 날 관측을 해야 학생들이 하늘에서 태양과 달을 보기 편합니다. 특히 달은 태양만큼 밝지 않기 때문에 '보름달이 뜨는 날' 관측을 해야 제대로 관찰할 수 있습니다. 관측 장소는 하늘이 잘 보이는 높은 곳을 선정하면 좋습니다.

 _____

_____

태양과 달은 남쪽 하늘에서 볼 수 있기 때문에 남쪽이 어디인지 확인하기 위해서 나침반을 활용합니다. 관찰자가 남쪽을 확인했다면 관찰 장소에서 남쪽을 중심으로 보이는 주변 건물이나 나무 등의 위치를 관찰 자료에 구체적으로 표시합니다.

 위의 과정을 거쳤다면 이제 태양과 달의 위치를 일정한 시간 간격으로 관찰하고 기록합니다. 태양은 낮에 뜨므로 아침부터 저녁까지 관찰합니다. _____

_____

 태양과 달을 관측할 때 주의할 점이 있습니다. _____

_____

또, 밤에 달을 관측할 때는 보호자를 동반하여 관찰하고, 너무 늦은 시간까지 관측하지 않도록 합니다.

 하루 동안 하늘에서 태양과 달의 위치가 어떻게 변했나요? 잘 관찰했다면 _____

_____

**1** 〈보기〉처럼 다양한 정보를 정리한 마인드맵을 보고, 글을 써 보세요.

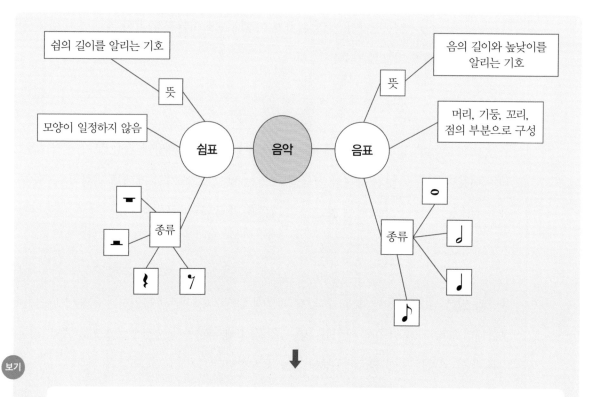

보기

음악에서 중요한 기호인 '음표'와 '쉼표'에 대해서 알아보겠습니다.

음표는 음의 길이와 높낮이를 알리는 기호로, 음의 길이는 음표의 종류로 표시합니다. 음표는 머리, 기둥, 꼬리, 점의 네 부분으로 구성됩니다. 음표는 ○(온음표, 4박), ♩(2분음표, 2박), ♩(4분음표, 1박), ♪(8분음표, 반박) 등으로 나눌 수 있습니다.

쉼표도 기본적으로 음표와 동일합니다. 쉼표는 쉼의 길이를 나타내는 기호라고 할 수 있습니다. 쉼표는 일정한 모양을 가지고 있지 않고, 박자에 따라 특정한 모양을 나타냅니다. 쉼표는 ▬(온쉼표, 4박), ▬(2분쉼표, 2박), ∤(4분쉼표, 1박), ✓(8분쉼표, 반박)로 나뉩니다.

이러한 음표와 쉼표는 악보를 나타내는 가장 기본적인 기호로 음표는 악기를 치는 것을, 쉼표는 쉬는 것을 뜻합니다. 음악에서는 이러한 음표와 쉼표 외에도 자신의 생각을 악보에 나타낼 수 있는 다양한 기호가 있습니다.

**잠깐만!!** 모든 정보를 문단에 넣지 않아도 괜찮아요. 정보를 약간 수정해서 문단 안에 넣어도 좋습니다.

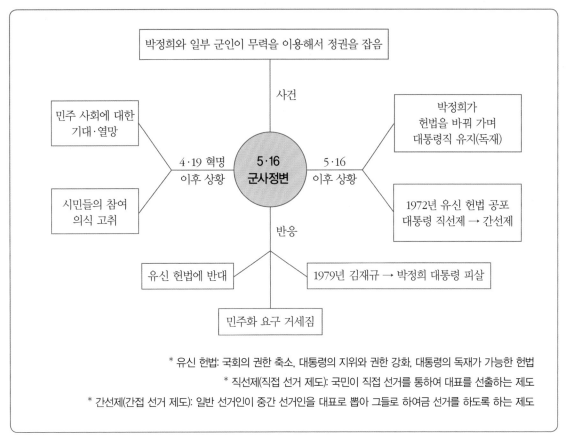

박정희와 일부 군인이 무력을 이용해서 정권을 잡음

사건

민주 사회에 대한 기대·열망

시민들의 참여 의식 고취

4·19 혁명 이후 상황

**5·16 군사정변**

5·16 이후 상황

박정희가 헌법을 바꿔 가며 대통령직 유지(독재)

1972년 유신 헌법 공포 대통령 직선제 → 간선제

반응

유신 헌법에 반대

1979년 김재규 → 박정희 대통령 피살

민주화 요구 거세짐

\* 유신 헌법: 국회의 권한 축소, 대통령의 지위와 권한 강화, 대통령의 독재가 가능한 헌법
\* 직선제(직접 선거 제도): 국민이 직접 선거를 통하여 대표를 선출하는 제도
\* 간선제(간접 선거 제도): 일반 선거인이 중간 선거인을 대표로 뽑아 그들로 하여금 선거를 하도록 하는 제도

❷

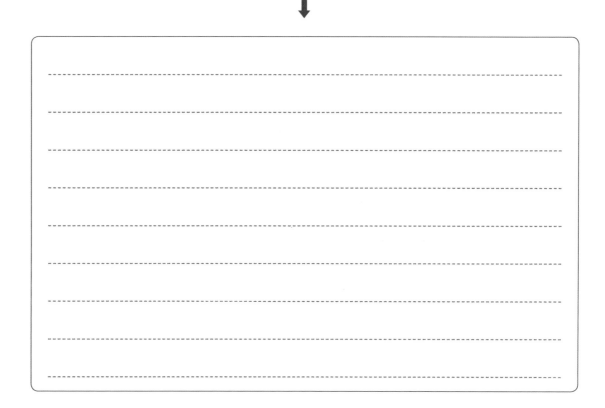

운동을 할 때 필요한 체력 —의미— **운동 체력** —종류—

순발력
- 근육이 순간적으로 빨리 수축하면서 내는 힘
- 순간적으로 강한 힘을 내는 능력

민첩성
- 몸의 위치나 방향을 빠르게 바꿀 수 있는 능력
- 재빠르고 날쌘 성질

평형성
- 몸의 균형을 유지할 수 있는 능력

협응성
- 몸의 여러 부위를 조화롭게 움직일 수 있는 능력

측정 방법
- 높이뛰기, 제자리 멀리뛰기 (순발력)
- 방향 바꿔서 달리기 (민첩성)
- 눈 감고 한 발 들고 서 있기 (평형성)
- 원 안에서 셔틀콕 치기, 다리 벌렸다 모으기 테스트 (협응성)

↓

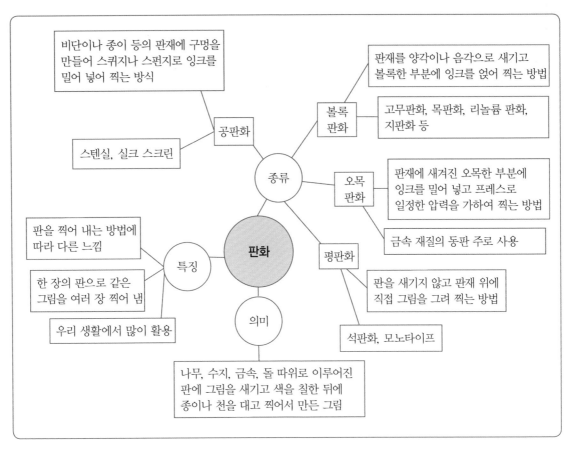

**판화**

- **종류**
  - **공판화**
    - 비단이나 종이 등의 판재에 구멍을 만들어 스퀴지나 스펀지로 잉크를 밀어 넣어 찍는 방식
    - 스텐실, 실크 스크린
  - **볼록 판화**
    - 판재를 양각이나 음각으로 새기고 볼록한 부분에 잉크를 얹어 찍는 방법
    - 고무판화, 목판화, 리놀륨 판화, 지판화 등
  - **오목 판화**
    - 판재에 새겨진 오목한 부분에 잉크를 밀어 넣고 프레스로 일정한 압력을 가하여 찍는 방법
    - 금속 재질의 동판 주로 사용
  - **평판화**
    - 판을 새기지 않고 판재 위에 직접 그림을 그려 찍는 방법
    - 석판화, 모노타이프
- **특징**
  - 판을 찍어 내는 방법에 따라 다른 느낌
  - 한 장의 판으로 같은 그림을 여러 장 찍어 냄
  - 우리 생활에서 많이 활용
- **의미**
  - 나무, 수지, 금속, 돌 따위로 이루어진 판에 그림을 새기고 색을 칠한 뒤에 종이나 천을 대고 찍어서 만든 그림

# 02 글 점검하기

**• 고쳐 쓰기 위한 질문**
1. 글 수준: 무엇을 쓴 글인지 알 수 있는가? 독자를 고려하여 글을 작성했는가? 내용에 어울리는 제목을 썼는가?
2. 문단 수준: 한 문단에 하나의 생각만 썼는가? 중심 문장과 뒷받침 문장의 연결이 자연스러운가? 문단에 불필요한 문장이 있는가? 문단의 순서가 적절한가?
3. 문장과 낱말 수준: 문장의 호응이 잘 이루어졌는가? 지나치게 긴 문장이 있는가? 내용을 전달하는 데 적당하지 않은 낱말이 있는가? 한 가지 낱말을 반복해서 사용했는가? 글씨를 바르게 쓰려고 노력했는가?

**연습하기**

**1** 고쳐야 할 부분을 생각하며 다음 글을 읽어 보세요.

(                                        )

① 이러한 생활 습관을 지속적으로 점검하고 반성하며 살아간다면 얼마의 시간이 흐른 후에는 내 생활의 주인이 '자신'인 삶을 살 수 있습니다.

② 사실 남이 시켜서 하는 일은 하기 싫고, 지루합니다. 또, 하기 싫은 만큼 힘이 더 드는 것처럼 느껴지기도 합니다. 그런데 하기 싫은 일도 하다보면 익숙해지고 언젠가는 재미있어지기도 합니다. 만약 스스로 계획한 일을 주도적으로 하려면 자신이 하고 싶은 일을 하고 있다는 생각 때문에 집중력과 더 좋은 결과를 만들어냅니다. 그리고 그 일을 마쳤을 때 내가 하고 싶은 일을 해냈다는 뿌듯함도 느낄 수 있습니다.

③ 자주적인 사람은 자신의 강점을 발전시키고, 약점을 보완하기 위해 할 수 있는 일을 스스로 정하고, 그것을 꾸준히 실천합니다. 예를 들면 '아침 일찍 일어나기, 일기를 세 줄씩 꾸준히 쓰기, 독서를 매일 한 시간하기, 스마트폰 10분 이상 보지 않기' 등 스스로 할 수 있는 약속을 공책에 적습니다. 그러고 난 후에 그것을 지켰는지 매일 점검한다면 '자주적인 생활을 실천하기 위한 생활 버릇을 만들었다.'고 말할 수 있을 것입니다.

④ '자주'는 스스로 자(自), 주인 주(主)로 이루어진 낱말입니다. 사전에서는 '남의 보호나 간섭을 받지 아니하고 자기 일을 스스로 처리함'이란 뜻으로 뜻하고 있습니다. 그러므로 자주적인 생활이란, 남이 시켜서 하는 것이 아니라 스스로 계획하고 결심한 일을 실천하는 삶을 말합니다.

⑤ 자주적인 생활을 하기 위해서는 우선 자주적인 사람이 되어야 합니다. 다르게 말하면 자주적인 사람이 되기 위해 무조건 노력한다면 그것이 바로 자주적인 생활을 하는 것이라고 말할 수 있습니다. 자주적인 사람이란 스스로를 믿고 끈기 있게 노력하는 사람을 말하고, 어려움을 스스로 헤쳐 나가는 책임감 있는 사람을 의미하기도 합니다.

**1** 이 글을 쓴 목적은 무엇인지 빈칸을 채워 보세요. 〈글 수준〉

(                                                                      )라고 주장하는 내용입니다.

**2** 글의 목적에 알맞은 제목을 정해서 앞의 글의 빈칸에 적어 보세요. 〈글 수준〉

**3** 글의 흐름에 맞게 문단 ①~⑤의 순서를 정해 보세요. 〈문단 수준〉

〈        〉 → ② → ⑤ → 〈        〉 → 〈        〉

**4** 문단 ②에서 흐름에 불필요한 문장을 찾아 밑줄을 그어 보세요. 〈문단 수준〉

**5** 문장의 호응에 오류가 있는 부분을 찾아 올바르게 수정해 보세요. 〈문장 수준〉

만약 스스로 계획한 일을 주도적으로 ~~하려면~~ 자신이 하고 싶은 일을 하고 있다는 생각 때문에 ~~집중력과~~ 더 좋은 결과를 만들어냅니다.

➡ 만약 스스로 계획한 일을 주도적으로 _____ 자신이 하고 싶은 일을 하고 있다는 생각 때문에 _____ 더 좋은 결과를 만들어 냅니다.

**6** 〈보기〉의 긴 문장을 두 문장으로 나누어 고쳐 써 보세요. 〈문장 수준〉

보기
자주적인 사람이란 스스로를 믿고 끈기 있게 노력하는 사람을 말하고, 어려움을 스스로 헤쳐 나가는 책임감 있는 사람을 의미하기도 합니다.

➡ _____

_____

**7** 교정 부호를 활용하여 맞춤법이나 띄어쓰기에 어울리지 않는 부분을 찾아 고쳐 보세요. 〈낱말 수준〉

**1** 다음 글을 읽고, 〈보기〉처럼 제시된 수정 대상을 찾아서 올바르게 고쳐 보세요.

> **대상: 제목 짓기, 글의 흐름에 불필요한 문장, 문장의 호응, 맞춤법(2개), 띄어쓰기(1개)**
>
> 〈 수학 공부 방식의 변화 〉
>
> 곱셈과 나눗셈의 의미는 초등학교 2학년 수학 시간에 배웁니다. 하지만 많은 아이가 곱셈과 나눗셈의 의미도 모른 채 그저 '연산 연습'이라는 미명하에 문제만 풉니다. 과연 곱셈과 나눗셈의 의미도 모르는 아이가 계산만 연습한다고 수학을 잘할 수 있을까요?
>
> 수학을 잘하는 아이와 못하는 아이의 차이는 바로 이것입니다. 우리가 푸는 수학 문제 중 아이들이 어려워하는 문제는 단순 연산 문제가 아닙니다. 여러 가지 실생활에서 벌어지는 사건을 긴 문장으로 표현하고, 이 긴 문장에서 어떠한 식을 세워야 하는지 이해해야 하는 문제가 까다롭습니다. 곱셈과 나눗셈의 의미를 아는 아이와 모르는 아이는 이러한 문제가 등장했을 때 다르게 반응합니다. ~~당신은 곱셈과 나눗셈의 의미를 알고 있나요?~~ 수학을 잘하는 아이는 문제에서 요구하는 것이 곱셈인지 나눗셈인지 깨닫고 해결하는 반면, ~~연산만 연습한 아이는 문제에서 무엇을 요구하는지 정확하게 알 수 있는 것입니다.~~ ➡ 연산만 연습한 아이는 문제에서 무엇을 요구하는지조차 모릅니다.
>
> 교실에서 수학과 수학 익힘에 나오는 모든 문제를 푸는 아이라고 해도 그것만으로 수학을 잘한다고 말할 수는 없습니다. 교실에서 곱셈과 나눗셈의 의미를 설명해 보라는 질문에 답할 수 있는 아이는 서너명 정도입니다. 학군이 안 좋은 지역으로 갈수록 그 숫자는 더욱 ~~낯아집니다~~ 낮아집니다. 이 서너명의 아이를 제외하고는 학년이 올라갈수록 심화되는 수학에 적응하기가 어렵습니다.
>
> 그러므로 수학을 공부하는 방식이 ~~바꿔야~~ 바뀌어야 합니다. 수학의 난도만 올리는 것이 아니라 '개념이나 의미, 문제의 풀이 과정'을 설명하는 '대화와 쓰기' 중심의 수학 교육으로 변화해야 합니다. 이렇게 가르쳐야만 학생이 수학의 진정한 의미를 알게 될 것입니다.

❶

대상: 제목 짓기, 문단의 순서(　　　　→ ④ →　　　→　　　→ ③ →　　　),
문장의 호응, 맞춤법(1개), 띄어쓰기(2개)

〈　　　　　　　　　　　　　　　　　　　　〉

① 이처럼 세계는 컴퓨터나 스마트폰 등 멀티미디어와 연관된 프로그램을 개발하는 기업을 위주로 움직입니다. 대한민국은 이러한 세계의 흐름 속에서 살아남기 위해서 사람들의 흥미를 자극하는 창의적인 콘텐츠를 만들어야 합니다. 이러한 콘텐츠를 만들수있도록 대한민국은 사람들이 무엇을 중시하는지 심각히 고민해 봐야 할 것입니다.

② 전 세계에서 세 번째로 높은 시가 총액을 가진 기업은 마이크로소프트입니다. 빌 게이츠가 컴퓨터 운영 채재 Windows를 개발한 후 마이크로소프트가 현대 거의 모든 가정용 컴퓨터를 점유하고 있다고 해도 ~~과언압니다.~~ ➡ ------------------------------------------------ 특히 엑셀·파워포인트·워드 등 우리가 컴퓨터로 업무를 볼 때 사용하는 오피스 프로그램은 마이크로소프트에서 개발했습니다.

③ 마지막으로 세계 기업 순위 4위는 바로 '알파벳'입니다. 알파벳은 우리가 '구글'로 알고 있는 기업입니다. 구글은 알파벳의 자회사로 우리가 많이 활용하는 '검색 엔진'을 의미합니다. 여기에 더해서 2006년 유튜브를 인수하고, 스마트폰 운영 채재 안드로이드를 출시하면서 기업 매출이나 수익이 상당히 높아졌습니다.

④ 전 세계에서 가장 높은 시가 총액을 가지고 있는 기업은 바로 애플입니다. 2007년 스티브 잡스가 아이폰을 발표한 후 기업의 매출이 급격히 상승하였습니다. 애플만의 iOS라는 독자적인 운영 채재를 활용하여 스마트폰 시장에서 부동의 1위 자리를 지키고 있습니다.

⑤ 두 번째 기업은 조금 생소할 수 있습니다. 바로 사우디의 아람코라는 석유 관련 국영 기업입니다. 아람코는 기업이라고 하지만 실질적으로 사우디아라비아 정부에서 관리하기 때문에 일반 사람들을 대상으로 하는 기업을 소개하는 이 글에서 다루기에 무리가 있습니다.

⑥ 2022년 3월 3일 발표된 전 세계 기업 시가 총액 4위까지의 기업 순위를 알아보겠습니다. 시가 총액이란 '증권 거래소에서 상장된 증권 모두를 그날의 종가로 평가한 금액'이란 경제 용어로 기업의 가치를 매길때 사용하는 지표라고 할 수 있습니다. 세계 기업 시가 총액 순위를 알아보면 세계가 현재 어떻게 움직이고 있는지 그 방향성을 알 수 있습니다.

잠깐만!! 파란색으로 제시된 낱말은 띄어쓰기를 수정해 주세요.

❷

대상: 제목 짓기, 문단의 순서(          → ⑤ →          → ④ → ② →          ),
글의 흐름에 불필요한 문장 찾기, 빨간색으로 쓴 문장 간단히 나누기,
파란색으로 쓴 낱말을 다양한 낱말로 바꾸어 쓰기

〈                                              〉

① 독자의 흥미를 끌기 위해 글을 어떻게 써야 할까요? 여러 가지 방법이 있겠지만 여러 가지 자료를 활용한다면 독자가 이해하기 쉽고, 재미있는 글을 쓸 수 있습니다. 특히 TV나 스마트폰의 동영상 자료를 많이 보는 것은 아이들의 정서에 좋지 않습니다. 여기서 말하는 여러 가지 자료는 보통 표, 도표, 사진, 동영상 등을 말합니다.

② 동영상은 컴퓨터 모니터의 화상이 텔레비전의 영상처럼 움직이는 것을 말합니다. 사진보다 더 실제적이기 때문에 글이 의미하는 바를 사진보다 구체적으로 표현할 수 있습니다. 동영상은 글의 내용을 가장 정확하게 표현하는 자료라고 생각하면 됩니다.

③ 이렇게 여러 가지 자료를 활용하여 글을 쓰면 독자가 이해하기 쉽고, 재미있는 글이 됩니다. 글은 독자에게 말하고자 하는 바가 정확하게 드러나도록 써야 합니다. 이러한 자료를 활용하여 글을 쓴다면 필자가 말하고자 하는 내용을 독자에게 효과적으로 전달할 수 있습니다. 또, 독자는 자료를 살펴봄으로써 글의 내용에 흥미를 느끼고, 글을 더 쉽게 이해할 수 있습니다.

④ 사진이란 물체의 형상을 감광막 위에 나타나도록 찍어 오랫동안 보존할 수 있게 만든 영상을 뜻하고, 실제 그 대상을 정확하게 나타내기 때문에 독자에게 설명하는 대상을 한눈에 보여 줄 수 있고, 글로 설명하는 것보다 구체적인 사실을 전달할 수 있습니다.

➡ -------------------------------------------------------------------------
-------------------------------------------------------------------------
-------------------------------------------------------------------------

⑤ 표(表)란 어떤 내용을 일정한 형식과 순서에 따라 보기 쉽게 나타낸 것을 의미합니다. 표를 사용하면 많은 양의 자료를 쉽게 정리할 수 있습니다. 그리고 여러 가지 수도 쉽게 비교할 수 있습니다.

⑥ 도표(圖表)란 여러 가지 자료를 분석하여 그 관계를 일정한 양식의 그림으로 나타낸 표를 말합니다. 어떻게 보면 도표는 '표'에 속하는 자료라고 볼 수 있습니다. 도표를 사용하여 자료를 정리하면 정확한 수치를 나타낼 수 있고, 양이 어떻게 변화했는지 그 정도를 쉽게 파악할 수 있습니다.

❸

⟨                                                             ⟩

곱셈과 나눗셈의 의미를 알고 있습니까? 곱셈과 나눗셈은 초등학교 2학년 때부터 배우기 시작해서 곱셈구구, 분수의 곱셈과 나눗셈, 소수의 곱셈과 나눗셈으로 방향과 수준이 점점 높아집니다. 많은 아이가 자연수, 분수, 소수로 바뀐 수로 곱셈과 나눗셈을 할 수 있습니다. 하지만 정작 곱셈과 나눗셈의 의미를 물어보면 정확히 설명하거나 쓸 수 있는 학생이 드뭅니다.

여기서는 초등학교 2학년에서 배웠던 곱셈과 나눗셈의 의미에 대해서 다시 한번 알아보겠습니다. 곱셈에서 '곱하다'라는 동사의 의미는 둘 이상의 수 또는 식을 두 번이나 그 이상 몇 번 되짚어 합치다'이므로 곱셈이란 단순히 '어떤 수를 몇 번 더하면 값이 얼마인가?'를 나타내는 것이라고 할 수 있고, 예를 들어 3×7은 3을 7번 더했다는 것을 말합니다.

➡ -------------------------------------------------------------------------------

-------------------------------------------------------------------------------

-------------------------------------------------------------------------------

이러한 곱셈의 의미로 여러가지를 알 수 있습니다. 0.7×3은 0.7을 세 번 더한 것, $\frac{1}{3}$×3은 $\frac{1}{3}$을 세 번 더한 것을 의미합니다. 마찬가지로 $\frac{1}{2} \times \frac{1}{3}$은 $\frac{1}{2}$을 $\frac{1}{3}$번 더한 것을 의미합니다. 수학 책의 설명은 이와 같은 말을 풀어서 이야기한 것에 불과합니다.

나눗셈은 곱셈보다 좀 더 복잡합니다. 나눗셈은 두가지 의미를 갖고 있습니다. 첫 번째 의미는 어떤 수에서 나누는 수를 몇 번 뺄 수 있는지 묻는 '포함제'의 의미를 갖습니다. 예를 들면 8 나누기 4라고 하면 8에서 4를 몇 번 뺄 수 있는지 묻는 문제라고 할 수 있습니다. 뺄셈은 비교와 제거라는 두 가지 의미를 가지고 있습니다. 또 다른 나눗셈의 뜻은 똑같이 나누었을 때 한 부분이 얼마인지 묻는 '등분제'의 의미입니다. 예를 들어, 8 나누기 4는 8을 네 부분으로 똑같이 나누면 한 부분은 얼마인가를 묻는 문제입니다.

수학은 뭔가를 탐구해서 그 의미를 증명해 가는 학문이라고 할 수 있습니다. 수학을 잘하기 위해서는 단순히 문제를 많이 풀어 보는 것만으로 부족합니다. 식에서 제시하는 의미를 알고, 왜 그렇게 풀어야 하는지 설명할 수 있어야 합니다. 거기서 더 나아가 스스로 생활에서 만나는 문제를 수학적으로 해결하려는 열정으로 가득해야 합니다. 그렇게 수학을 공부했을 때, 수학 공부에 재미를 느끼고 궁극적으로 수학적 사고를 하는 인간으로 자라게 될 것입니다.

# 03 여러 가지 주제로 문단 구성하기 – ① 물가

**1** '물가'와 관련하여 생각을 자유롭게 떠올려 보세요.

> (빈칸)

* 물가: 물건의 값, 여러 가지 상품이나 서비스의 가치를 종합적이고 평균적으로 본 개념

**2** 삼행시로 쓸 낱말을 선택한 후, '물가'와 관련된 내용을 삼행시로 써 보세요.

| 보기 | | |
|---|---|---|
| | 영 | 영수증을 조용히 손으로 받아 들었다. 2000, 3550, 4890, 수박 30,000원!? |
| | 수 | 수학적으로 도저히 수긍하지 못할 숫자가 영수증 안에 적혀 있었다. |
| | 증 | 증가하는 물가 때문에 더는 수박을 살 수 없겠다. |

| | |
|---|---|
| | |
| | |
| | |

**3** 위에 쓴 삼행시에 추가하고 싶은 내용이 있다면 〈보기〉처럼 적어 보세요.

> 보기  참외와 자두·귤 가격, 자일리톨 껌 가격, 옛날 과자 7만 원

> (빈칸)

**1** 왼쪽에 쓴 내용을 토대로 '물가'에 관한 글을 〈보기〉처럼 써 보세요.

> 보기
>
> 얼마 전, 마트에 가서 저녁에 먹을 반찬거리를 샀다. 영수증을 조용히 손으로 받았을 때 총 금액이 충격적으로 다가왔다. 일, 십, 백, 천, 만, 십만?! 그중 가장 놀라운 건 수박의 가격이었다. 삼만 원. 수학적으로 수긍하지 못할 가격이 적혀 있는 영수증을 보면서 수박 구입을 취소하고 싶었다. 참외·자두·귤, 모든 과일값이 보통 만 원을 넘었다. 자일리톨 껌 하나에 육천 원, 얼마 전 축제에서는 옛날 과자 한 봉지를 칠만 원에 파는 상인도 있었다. 증가하는 물가 때문에 먹고 싶은 것을 사 먹을 수 없는 시대가 도래했다. 언제쯤 값싸고 질 좋은 음식을 마음껏 먹을 수 있을까?

잠깐만!! 자신이 쓴 글을 다시 읽고 삭제하거나 추가할 문장은 없는지 살펴보세요.
문장이 자연스럽지 않다면 어떻게 수정해야 할지 한 번 더 고민해 보세요.

**연습하기**

**1** '6월 민주 항쟁'과 관련하여 생각을 자유롭게 떠올려 보세요.

[                                                                        ]

> **잠깐만!!** 6월 민주 항쟁을 직접 조사해 보면 더 좋아요.

**2** 삼행시로 쓸 낱말을 선택한 후, '6월 민주 항쟁'과 관련된 내용을 삼행시로 써 보세요.

| 보기 | | |
|---|---|---|
| | 간 | 간신히 얻은 우리나라의 민주화 |
| | 선 | 선거를 간선제에서 직선제로 바꾼 시민들의 쾌거, 6월 민주 항쟁! |
| | 제 | 제발 앞으로는 독재 정치가 사라졌으면…… . |

| | |
|---|---|
| | |
| | |
| | |

**3** 위에 쓴 삼행시에 추가하고 싶은 내용이 있다면 〈보기〉처럼 적어 보세요.

> **보기** 대학생 박종철, 1987년 1월 탁하고 치니 억하고 죽었다

[                                                                        ]

**1** 왼쪽에 쓴 내용을 토대로 '6월 민주 항쟁'에 관한 글을 〈보기〉처럼 써 보세요.

> **보기**
>
> 　1980년대 전두환 정부는 독재 정치로 언론을 통제하고, 시민들의 저항 운동을 탄압했다. 1987년 1월, 서울대학교 언어학과에 재학 중인 박종철 학생이 시위를 하다가 경찰에 끌려가 사망하는 사건이 발생했다. 정부는 사인을 '쇼크사'로 기재하고, 기자 회견에서 "탁하고 치니 억하고 죽었다."라는 말도 안 되는 소리로 사건을 무마하려 했다. 시민들은 분노했고, 1987년 6월 모든 사람이 거리로 뛰쳐나와 전두환 정부의 독재에 항의했다. 대통령 간선제를 직선제로 바꾸라는 요구와 박종철 사망 사건의 진실을 밝히라는 촉구가 거리에서 빗발치듯 일어났다. 6월 민주 항쟁으로 시민들은 대통령을 선거로 직접 뽑을 수 있게 되었고, 언론의 자유를 조금이나마 되찾게 되었다.

**연습하기**

**1** '이산화탄소'와 관련하여 생각을 자유롭게 떠올려 보세요.

<br>

**2** 삼행시로 쓸 낱말을 선택한 후, '이산화탄소'와 관련된 내용을 삼행시로 써 보세요.

| 보기 | | |
|---|---|---|
| | 석 | 석양이 질 때 시원하게 콜라 한 잔을 벌컥벌컥 마셨다. |
| | 회 | 회오리처럼 배 속이 부글대기 시작했다. 끄윽! |
| | 수 | 수려하게 아름다운 트림 소리가 울렸다. 배 속이 뻥 뚫렸다. |

| | |
|---|---|
| | |
| | |
| | |

**3** 위에 쓴 삼행시에 추가하고 싶은 내용이 있다면 〈보기〉처럼 적어 보세요.

| 보기 | 색과 냄새가 없다, 불을 끌 수 있는 재료 |
|---|---|

**1** 왼쪽에 쓴 내용을 토대로 '이산화탄소'에 관한 글을 〈보기〉처럼 써 보세요.

**보기**

　　석양이 질 때 시원하게 콜라 한 잔을 벌컥벌컥 들이켰다. 배 속이 회오리처럼 부글대기 시작했다. 끄윽! 수려하게 아름다운 소리가 공기 중에 울려 퍼졌다. 배 속이 뻥 뚫리는 느낌, 이 느낌 때문에 이산화탄소가 들어간 콜라를 마시게 된다. 콜라에 들어 있는 이산화탄소는 여러 가지 성질이 있다. 첫 번째로 이산화탄소는 무색, 무취이다. 그렇기에 우리는 공기 중에 이산화탄소가 존재하는지 알 수 없다. 두 번째로 이산화탄소는 물질이 타는 것을 방해한다. 그래서 불이 났을 때 사용하는 소화기에 이산화탄소가 들어가기도 한다. 가장 중요한 특징은 우리가 마시는 탄산음료의 톡 쏘는 맛은 이산화탄소 덕분이라는 것이다.

**연습하기**

**1** '코끼리'와 관련하여 생각을 자유롭게 떠올려 보세요.

**2** 삼행시로 쓸 낱말을 선택한 후, '코끼리'와 관련된 내용을 삼행시로 써 보세요.

| 보기 | | |
|---|---|---|
| **최** | 최대의 육상 동물, 코끼리 |
| **강** | 강한 힘, 압도적인 크기, 코 하나로 모든 동물을 들어 메어친다. |
| **자** | 자연에서 그들을 이길 자, 과연 누구일까? |

| | |
|---|---|
| | |
| | |
| | |

**3** 위에 쓴 삼행시에 추가하고 싶은 내용이 있다면 〈보기〉처럼 적어 보세요.

보기 하마·코뿔소·사자 등이 코끼리에게 꼼짝 못 함, 길들이기가 불가능한 동물

**1** 왼쪽에 쓴 내용을 토대로 '코끼리'에 관한 글을 〈보기〉처럼 써 보세요.

> **보기**
>
> | | |
> |---|---|
> | 강한 힘, | 몰래 다가오는 |
> | 압도적인 크기, | 사자, 하마, 코뿔소 |
> | 우람한 체격 | 뿌아앙! |
> | | 천둥 같은 코끼리의 울음소리 |
> | 코끼리는 | |
> | 평화롭게 | 모든 동물은 겁을 먹고, |
> | 자연에서 | 뿔뿔이 흩어진다. |
> | 그들만의 | |
> | 자유를 즐긴다. | 코끼리는 |
> | | 길들일 수 없다. |

# 07 여러 가지 주제로 문단 구성하기 – ⑤ 배드민턴

**연습하기**

**1** '배드민턴'과 관련하여 생각을 자유롭게 떠올려 보세요.

**2** 삼행시로 쓸 낱말을 선택한 후, '배드민턴'과 관련된 내용을 삼행시로 써 보세요.

| 보기 | | |
|---|---|---|
| | 셔 | 셔츠가 땀에 절어 있다. 셔틀콕을 치고, 받고, 줍고 엄청난 운동량을 소화했다. |
| | 틀 | 틀림없이 저쪽으로 칠 것이라고 생각하면 상대는 반대 방향으로 보낸다. |
| | 콕 | 콕닥콩닥 뛰는 가슴, 상대팀의 마지막 스매시! 내가 과연 받을 수 있을까? |

**잠깐만!!** 삼행시를 쓸 때 비슷한 글자로 바꾸어 쓰는 것도 허용돼요.

|   |   |
|---|---|
|   |   |
|   |   |
|   |   |

**3** 위에 쓴 삼행시에 추가하고 싶은 내용이 있다면 〈보기〉처럼 적어 보세요.

| 보기 | 역대 올림픽 성적, 체력 소모량이 많음, 가장 구속이 빠른 운동 경기 |

**1** 왼쪽에 쓴 내용을 토대로 '배드민턴'에 관한 글을 〈보기〉처럼 써 보세요.

보기

　　땀에 절은 셔츠. 셔틀콕을 치고, 받고, 줍는 사이에 엄청난 운동량을 소화하는 운동, 배드민턴! 틀림없이 저쪽으로 칠 거라고 생각하면 여지없이 반대 방향으로 셔틀콕을 보내는 선수들. 콩닥콩닥 뛰는 가슴, 상대 팀의 스매시를 받을 때의 기분은 이루 말할 수 없다. 배드민턴의 역대 올림픽 성적은 중국, 인도네시아 다음으로 한국이 높다. 그만큼 배드민턴은 한국에서 남녀노소 누구나 즐기는 운동이다. 배드민턴은 네트를 넘어오는 셔틀콕의 속도가 구기 종목 중 가장 빠르고, 셔틀콕을 치는 방법도 다양하다. 이러한 배드민턴의 특성에 익숙해지려고 조금만 노력하면 대한민국 어디서나 즐겁게 배드민턴을 즐길 수 있을 것이다.

# 국어사전 활용하기

처음부터 낱말의 정확한 뜻을 알고, 글을 쓰는 사람은 세상에 없어요. 우리는 문장에 어울리는 적절한 낱말을 쓰는 방법을 세월이 흐르면서 점차 깨달아요. '사전을 찾는 행동'은 알맞은 낱말을 선택할 수 있는 '어휘력'을 기를 수 있는 좋은 기법이에요. 사전에서 낱말의 뜻을 찾다 보면 우리가 언제 어디서 무슨 단어를 사용해야 하는지 빨리 알 수 있지요. 이번 단원에서는 국어사전을 활용하는 법을 배워 보기로 해요. 그리고 외래어나 외국어를 토박이말로 바꿔 쓰고, 낱말의 여러 가지 의미를 바탕으로 낱말의 뜻을 설명하는 글을 쓰는 연습을 해 봐요.

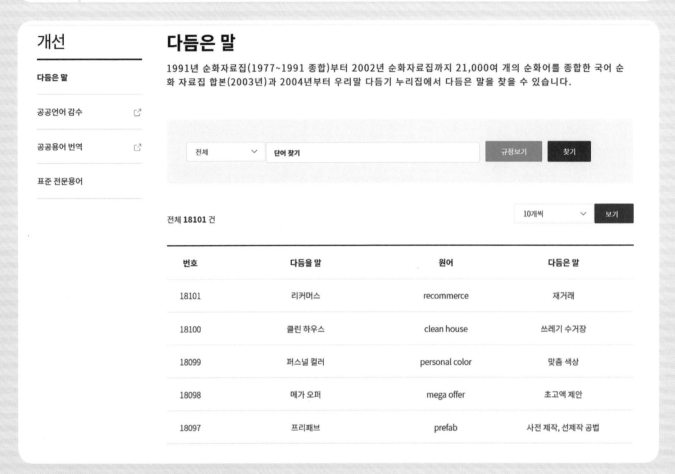

개선

다듬은 말

공공언어 감수

공공용어 번역

표준 전문용어

**다듬은 말**

1991년 순화자료집(1977~1991 종합)부터 2002년 순화자료집까지 21,000여 개의 순화어를 종합한 국어 순화 자료집 합본(2003년)과 2004년부터 우리말 다듬기 누리집에서 다듬은 말을 찾을 수 있습니다.

| 전체 ∨ | 단어 찾기 | | | 규정보기 | 찾기 |

전체 18101 건

10개씩 ∨  보기

| 번호 | 다듬을 말 | 원어 | 다듬은 말 |
|---|---|---|---|
| 18101 | 리커머스 | recommerce | 재거래 |
| 18100 | 클린 하우스 | clean house | 쓰레기 수거장 |
| 18099 | 퍼스널 컬러 | personal color | 맞춤 색상 |
| 18098 | 메가 오퍼 | mega offer | 초고액 제안 |
| 18097 | 프리패브 | prefab | 사전 제작, 선제작 공법 |

▲ **국립국어원 우리말 다듬기 홈페이지 참조**

국립국어원 '우리말 다듬기 누리집'에는 외래어를 알기 쉬운 낱말로 바꾼 말을 실어 놓았어요. 이를 활용하여 외래어나 외국어를 다듬은 말로 바꾸어서 글을 쓸 수 있어요.

알아 두기

학생들이 글을 쓸 때 외래어나 외국어를 많이 활용해요. 이러한 낱말을 많이 사용하면 '좋은 우리나라 말'은 사라지고, 뜻도 모르는 단어 때문에 독자가 글의 의미를 제대로 이해하지 못할 수 있죠. 그러므로 외래어나 외국어보다는 우리나라 말, 즉 토박이말을 사용하는 습관을 들이면 더 좋은 글을 쓸 수 있어요. 다만, 외래어 중에서는 토박이말보다 익숙한 말이 있어요. 글을 작성할 때 사람들이 거의 알지 못하는 토박이말보다는 사람들이 많이 듣고 이해할 수 있는 외래어를 적당히 사용하는 것이 필자로서 가져야 할 자세예요.

1. 외래어: 외국에서 들어온 말로 국어에서 널리 쓰이는 단어(예: 버스, 컴퓨터, 피아노)

2. 외국어: 외국에서 들어온 말로 아직 국어로 정착되지 않은 단어(예: 무비, 밀크)

* 한자어나 일본어 등도 '외래어, 외국어'라고 합니다.

**1** 다음 여러 가지 외국어나 외래어를 '국립국어원 우리말 다듬기 누리집'을 찾아 다듬은 말로 고쳐 써 보세요.

| 외국어, 외래어 | 다듬은 말 | 외국어, 외래어 | 다듬은 말 |
|---|---|---|---|
| QR 코드 | 정보 무늬 | 레스토랑(restaurant) | |
| 가드(guard) | | 리드미컬하다 (rhythmical하다) | |
| 가든파티 (garden party) | | 마도로스(matroos) | |
| 가라(カラ—) | | 만료일(滿了日) | |
| 감언이설 (甘言利說) | | 매스컴(mass communication) | |
| 나이스(nice) | | 방화 대책(防火對策) | |
| 남용하다(濫用하다) | | 백부(伯父) | |
| 네일숍(nail shop) | | 보너스(bonus) | |
| 노트(note) | | 섬네일(thumbnail) | |
| 다반사(茶飯事) | | 소묘(素描) | |
| 다이어트(diet) | | 업데이트(update) | |
| 닥터(doctor) | | 엑스포(expo) | |
| 단독(單獨) | | 지침(指針) | |
| 달성하다(達成하다) | | 콘서트(concert) | |
| 라이트(light) | | 파트타임(part time) | |
| 럭셔리하다 (luxury하다) | | 프라이드 치킨 (fried chicken) | |

**1** 밑줄 친 외래어나 외국어를 '다듬은 말'로 고쳐서 새로 완성해 보세요.

**❶**

〈겨울 왕국(Frozen)〉은 월트 디즈니에서 2013년 개봉한 <u>무비</u>로 안데르센의 〈눈의 여왕〉을 원안으로 만들어진 <u>애니메이션</u>입니다. 어릴 때부터 모든 것을 얼릴 수 있는 능력을 가지고 태어난 언니 엘사와 그녀의 여동생 안나가 겪은 일을 그린 아름다운 동화입니다. 크면서 자신의 능력을 <u>컨트롤할</u> 수 없던 엘사가 왕의 <u>지위</u>를 내려놓고 어딘가로 사라지면서 왕국은 얼어붙게 됩니다. 하지만 언니를 끝까지 믿고 있었던 안나가 엘사를 찾아서, 다시금 모든 사람이 행복을 되찾는다는 이야기입니다. 겨울 왕국은 장엄하고 아름다운 영상과 폭발적인 <u>가창</u> 실력을 자랑하는 <u>테마송</u>이 어우러지면서 전 세계에서 엄청난 흥행을 기록한 <u>무비</u>입니다.

↓

〈겨울 왕국(Frozen)〉은 월트 디즈니에서 2013년 개봉한 ＿＿＿＿＿＿＿＿＿＿＿＿로 안데르센의 '눈의 여왕'을 원안으로 만들어진 ＿＿＿＿＿＿＿＿＿＿＿ 입니다. 어릴 때부터 모든 것을 얼릴 수 있는 능력을 가지고 태어난 언니 엘사와 그녀의 여동생 안나가 겪은 일을 그린 아름다운 동화입니다. 크면서 자신의 능력을 ＿＿＿＿＿＿＿＿＿＿ 수 없던 엘사가 왕의 ＿＿＿＿＿＿＿＿＿＿＿＿＿를 내려놓고 어딘가로 사라지면서 왕국은 얼어붙게 됩니다. 하지만 언니를 끝까지 믿고 있었던 안나가 엘사를 찾아서, 다시금 모든 사람이 행복을 되찾는다는 이야기입니다. 겨울 왕국은 장엄하고 아름다운 영상과 폭발적인 ＿＿＿＿＿＿＿＿＿＿＿ 실력을 자랑하는 ＿＿＿＿＿＿＿＿＿＿＿＿가 어우러지면서 전 세계에서 엄청난 흥행을 기록한 ＿＿＿＿＿＿＿＿＿＿ 입니다.

❷ 　　그린 라이트가 깜빡일 때 횡단보도를 건너려고 뛰었던 적이 있나요? 교통 신호는 안전하게 길을 건너기 위해 만들어진 길 위의 규칙입니다. 이 규칙을 지키지 않을 때 보행자와 운전자 모두가 위험해질 수 있습니다.

　　교통 신호를 지키지 않는 보행자는 사고에 무방비 상태입니다. 이 사람은 횡단보도를 조금 더 빨리 건널 수 있을지 모르지만 졸지에 다가오는 차 한 대에 신명(身命)을 잃을지 모릅니다.

　　그리고 교통 신호 준수는 운전자가 더 잘해야 합니다. 스톱, 스타트, 도리카지, 오모카지 이외에도 수많은 교통 신호가 있습니다. 자동차는 빠르고 무겁기 때문에 다른 자동차나 보행자와 부딪히면 큰 인피(人皮)가 발생합니다. 자동차는 인간보다 훨씬 세고 강하기 때문에 운전자는 교통 신호에 민감해야 하고, 사람을 봤을 때 먼저 피양(避讓)하는 미덕을 보여야 합니다.

↓

　　_____ 이 깜빡일 때 횡단보도를 건너려고 뛰었던 적이 있나요? 교통 신호는 안전하게 길을 건너기 위해 만들어진 길 위의 규칙입니다. 이 규칙을 지키지 않을 때 보행자와 운전자 모두가 위험해질 수 있습니다.

　　교통 신호를 지키지 않는 보행자는 사고에 무방비 상태입니다. 이 사람은 횡단보도를 조금 더 빨리 건널 수 있을지 모르지만 _____ 다가오는 차 한 대에 _____ 을 잃을지 모릅니다.

　　그리고 교통 신호 _____ 는 운전자가 더 잘해야 합니다. _____ 이외에도 수많은 교통 신호가 있습니다. 자동차는 빠르고 무겁기 때문에 다른 자동차나 보행자와 부딪히면 큰 _____ 가 발생합니다. 자동차는 인간보다 훨씬 세고 강하기 때문에 운전자는 교통 신호에 민감해야 하고, 사람을 봤을 때 먼저 _____ 미덕을 보여야 합니다.

# 02 낱말의 뜻을 이해하고 관련 글쓰기 – 의미 관계 파악하기

**알아 두기** 국어사전에는 낱말과 관련된 '유의어, 반의어, 다의어, 동형어, 관용어, 속담' 등이 실려 있어요. 여기서는 이를 바탕으로 글을 쓰는 연습을 해 봐요.

**연습하기**

**1** 〈보기〉처럼 낱말을 사전에서 찾아 의미 관계를 마인드맵으로 만들고, 이를 바탕으로 글을 써 보세요.

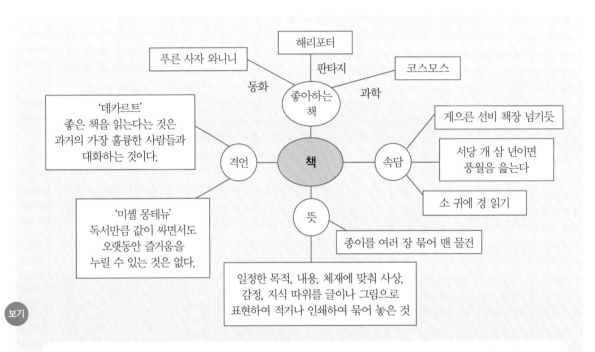

**보기**

책이란 '종이를 여러 장 묶어 맨 물건'이라는 뜻을 가지고 있습니다. '일정한 목적, 내용, 체재에 맞춰 사상, 감정, 지식 따위를 글이나 그림으로 표현하여 적거나 인쇄하여 묶어 놓은 것'이라는 의미도 있는데, 이 뜻이 '책'을 좀 더 정확히 나타내는 것 같습니다. '책'과 관련하여 여러 가지 속담과 격언이 있습니다. '게으른 선비 책장 넘기듯, 서당 개 삼 년이면 풍월을 읊는다, 소 귀에 경 읽기' 등 다양한 속담이 있습니다. 데카르트가 말한 '좋은 책을 읽는다는 것은 과거의 가장 훌륭한 사람들과 대화하는 것이다.'나 몽테뉴가 말한 '독서만큼 값이 싸면서도 오랫동안 즐거움을 누릴 수 있는 것은 없다.' 등이 책과 관련된 대표적인 격언이라고 할 수 있습니다. 독서를 좋아하는 저는 〈푸른 사자 와니니〉, 〈해리포터〉, 〈코스모스〉 등 다양한 책을 읽습니다. 앞으로 더 많은 책을 즐기고 싶습니다.

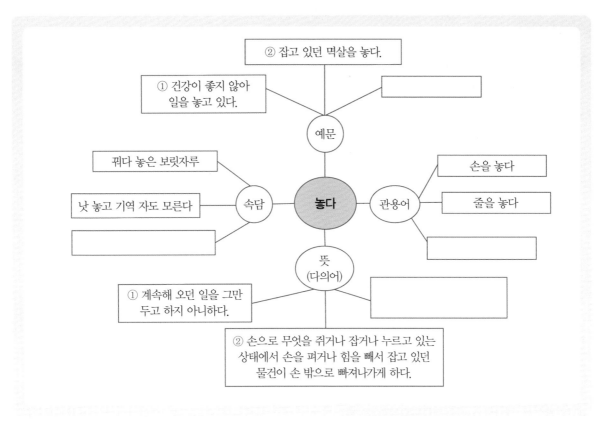

**1** 스스로 흥미를 가지고 있는 낱말을 선택해서 그 낱말과 관련된 마인드맵을 작성하고, 이를 바탕으로 하나의 글을 써 보세요.

❶

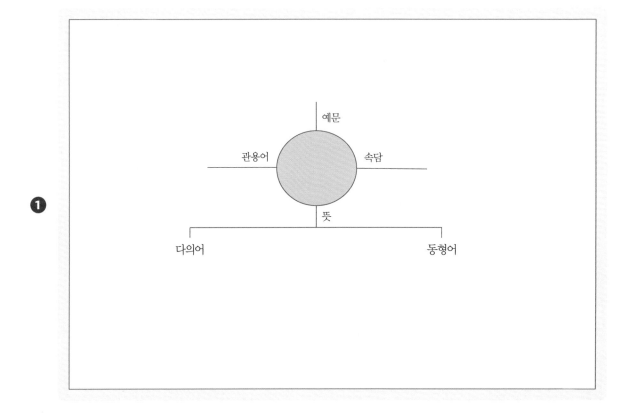

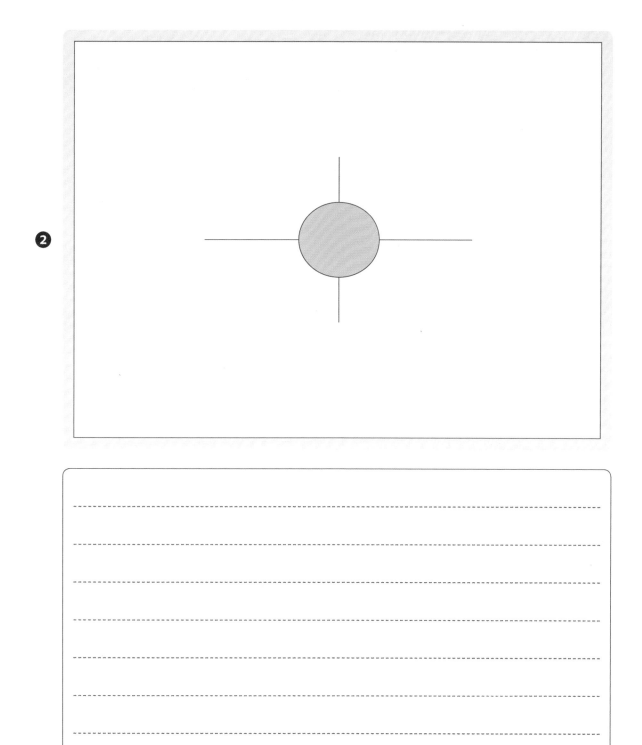

❷

# 03 사전을 활용한 주제별 글쓰기 – ① 동화

연습하기

**1** 동화에 관한 글을 읽으면서 어려운 낱말을 국어사전에서 찾아 〈보기〉처럼 써 보세요.

디즈니 영화 하면 뭐가 떠오르나요? 여러 가지가 있겠지만 〈겨울 왕국〉, 〈알라딘〉, 〈인어 공주〉, 〈미녀와 야수〉 등 어린 시절 부모님께서 우리에게 소리 내어 들려줬던 이야기를 기반으로 한 영화가 가장 먼저 떠오릅니다. 이와 같이 우리 곁에서 오랜 세월 우리를 지켜 주었던 설화를 기반으로 어린이를 위하여 동심으로 지은 이야기를 우리는 '동화'라고 부릅니다.

지금은 오랜 세월 동안 각색을 거쳐 여러 장면이 삭제됐지만 본래 동화는 지금처럼 즐겁고 행복한 이야기만 있는 것은 아니었습니다. 특히 전래 동화나 그림(Grimm) 형제가 지은 동화 원작을 보면 무섭고 잔인한 장면이 많이 나옵니다. 왜냐하면 예전 동화는 세상이 험하고 무섭다는 것을 알려 주거나 위험한 곳에 함부로 다니지 말고 행동을 조심하라는 경고를 목적으로 제작되었기 때문입니다.

이후 안데르센과 같은 동화 작가가 나타나면서 동화는 아이들에게 아름다운 꿈과 희망을 줄 수 있는 내용으로 바뀌게 되었습니다. 〈미운 오리 새끼〉처럼 주인공이 시련과 역경을 이겨 내고, 자신만의 개성과 아름다움을 찾는 말 그대로 동화 같은 이야기가 탄생하였습니다.

현재는 이러한 동화가 영화로 창작되고 있습니다. 픽사의 〈토이 스토리〉, 〈라따뚜이〉나 디즈니의 〈겨울 왕국〉, 〈주토피아〉, 그 외 〈미니언즈〉, 〈슈퍼 배드〉 등 다양한 사건이 벌어지고, 개성 있는 인물이 등장하는 '화려한 동화'가 우리 세계에서 펼쳐지고 있습니다. 앞으로는 동화가 실사 영화로 발전하면서 또 다른 세상이 열리게 될 것입니다.

**잠깐만!!** 읽으면서 어려운 낱말에 밑줄을 그어 보세요.

- **낱말**: 기반
- **뜻**: 기초가 되는 바탕. 또는 사물의 토대
- **예문**: 기반을 다지다.

잠깐만!! '기반'의 뜻은 여러 가지가 있어요. 사전에서 이 글에서 사용된 뜻을 찾아서 적어 줘야 해요.

| 낱말 | 뜻과 예문 |
|---|---|
| **❶** 동심 | 童心, 어린아이의 마음 |
| | 동심의 세계 |
| **❷** | |
| | |
| **❸** | |
| | |
| **❹** | |
| | |
| **❺** | |
| | |
| **❻** | |
| | |
| **❼** | |
| | |
| **❽** | |
| | |
| **❾** | |
| | |

**1** 동화에 관해 쓸 내용을 정리해서 마인드맵을 채워 보세요.

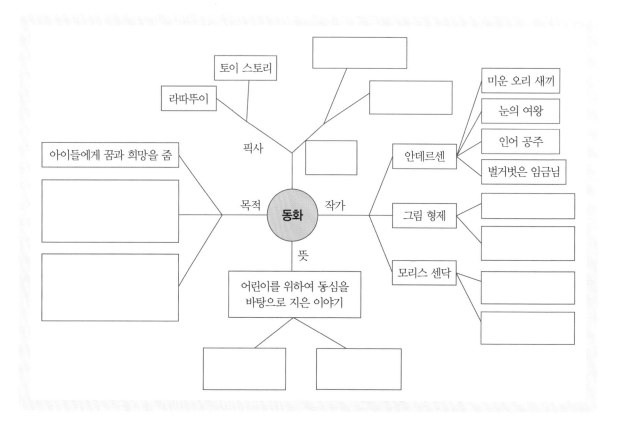

**2** 위에 그린 마인드맵을 바탕으로 동화에 관한 글을 〈보기〉처럼 써 보세요.

보기

아름다운 이야기로 사랑을 받았던 다양한 동화가 있습니다. 독일에서는 그림(Grimm) 형제가 옛날부터 내려오던 여러 가지 구전을 묶어 '어린이와 가정을 위한 민담(그림 동화)'을 편찬하였습니다. 여기에는 우리가 아는 〈라푼젤〉, 〈헨젤과 그레텔〉, 〈신데렐라〉, 〈백설 공주〉, 〈빨간 모자〉 등이 실려 있습니다.

안데르센은 덴마크의 동화 작가입니다. 그는 19세기 창작 아동 문학의 기틀을 마련한 것으로 평가받고 있습니다. 안데르센은 〈눈의 여왕〉, 〈인어 공주〉, 〈엄지 공주〉, 〈백조 왕자〉 등 우리가 아는 수많은 작품을 썼습니다.

현대에는 더 많은 동화 작가가 있습니다. 그중 모리스 센닥은 미국의 유명한 그림책 작가로 여러 가지 그림 동화를 썼습니다. 예를 들면, 〈괴물들이 사는 나라〉, 〈깊은 밤 부엌에서〉, 〈닭고기 수프〉, 〈아주아주 특별한 집〉 등이 있습니다.

**연습하기**

**1** 민속촌에 관한 글을 읽으면서 어려운 낱말을 국어사전에서 찾아 〈보기〉처럼 써 보세요.

### 한국 민속촌 관람 안내

안녕하세요? 한국 민속촌에 오신 여러분을 진심으로 환영해요. 여러분에게 우리 전통의 멋을 생생히 느낄 수 있고, 한국의 전통과 새로운 문화가 어우러져 있는 한국 민속촌을 소개하려고 해요. 대한민국을 대표하는 '전통 놀이 공원 한국 민속촌'에서 여러분이 즐길 수 있는 다양한 시설을 함께 알아봐요.

우선, 한국 민속촌에 있는 조선 시대 가옥을 안내해 드리겠습니다. 한국 민속촌에는 우리 민족 고유의 아름다움을 느낄 수 있는 가옥이 많습니다. 전통 기와집과 초가집·관가·반가(班家)·주막 등이 있고, 가마터·유기 공방·서당·약방·관상소 등 조선 시대의 여러 가지 건물을 자문을 거쳐 그 시대와 비슷하게 재현해 놓았습니다.

그리고 한국 민속촌에는 전통 체험을 할 수 있는 다양한 공방이 있습니다. 염료에 손수건을 넣어서 조물조물 주무르면 예쁜 색이 나타나는 천연 염색이나 진흙을 직접 빚어서 옹기 만들기, 옹기 틀에 글과 그림을 새기는 체험도 있습니다. 이 외에도 국궁 체험, 한지로 하회탈 만들기, 떡메로 직접 쳐서 인절미 만들기 등 다양한 활동을 할 수 있습니다.

마지막으로 한국 민속촌에는 여러 즐길 거리가 있습니다. 다양한 전통 음식이 준비되어 있는 장터, 민속 문화를 한눈에 감상할 수 있는 민속관, 고즈넉한 분위기를 느끼며 걸을 수 있는 전통 황톳길 등이 바로 그것입니다. 그리고 한국 민속촌의 하이라이트! 민속촌을 돌아다니는 거지, 사또, 죄인, 구미호 등 다양한 연기자가 관광객들과 상호 작용하고 있으니 이 또한 충분히 즐겨 주시길 바랍니다.

1974년 10월 3일 개장하여 현재까지 한국의 아름다움을 이어 가고 있는 한국 민속촌에서 조상들의 지혜와 생활 모습, 감동과 즐거움까지 챙겨 가시기 바랍니다. 감사합니다.

- **낱말:** 전통(傳統)
- **뜻:** 어떤 집단이나 공동체에서, 지난 시대에 이미 이루어져 계통을 이루며 전하여 내려오는 사상·관습·행동 따위의 양식
- **예문:** 전통 계승

잠깐만!! '전통'의 뜻은 여러 가지가 있어요. 사전에서 이 글에서 사용된 뜻을 찾아서 적어 줘야 해요.

| | 낱말 | 뜻과 예문 |
|---|---|---|
| ❶ | 생생히 | 바로 눈앞에 보는 것처럼 명백하고 또렷하게 |
| ❷ | | |
| ❸ | | |
| ❹ | | |
| ❺ | | |
| ❻ | | |
| ❼ | | |
| ❽ | | |
| ❾ | | |

**직접 써 보기**

**1** 전통에 관해 쓸 내용을 정리해서 마인드맵을 채워 보세요.

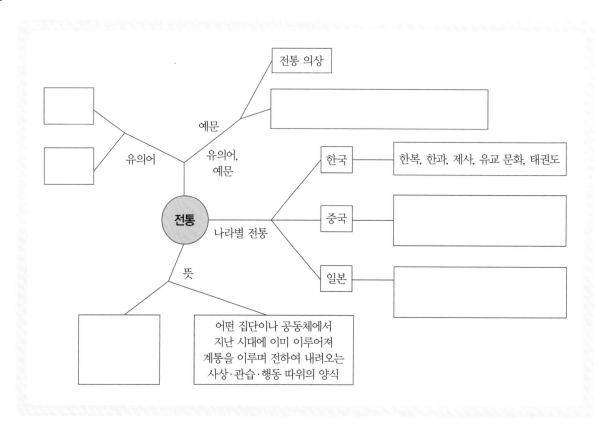

**2** 위에 그린 마인드맵을 바탕으로 전통에 관한 글을 〈보기〉처럼 써 보세요.

> 보기
>
> 전통(傳統)은 어떤 집단이나 공동체에서 지난 시대에 이미 이루어져 계통을 이루며 전하여 내려오는 사상·관습·행동 따위의 양식을 말합니다. '전통'이란 낱말은 '전통 의상, 전통을 세우다, 전통을 이어 가다'와 같은 어구에 사용할 수 있습니다.
>
> 각 나라마다 문화적 차이 때문에 색다른 전통이 존재합니다. 한국은 '한복, 한과, 제사, 유교 문화, 태권도' 등을 전통이라고 부를 수 있습니다. 중국은 '치파오, 경극, 쿵후' 등을, 일본은 '기모노, 가부키, 스모' 등을 국가의 전통으로 봅니다.
>
> 예전부터 내려온 전통은 오늘날까지 지킬 만한 좋은 풍습이 있는가 하면, 버려야 할 것으로 평가받는 악습도 있습니다. 예를 들어, 많은 사람들이 한복이나 태권도·한과 등은 세계에 자랑할 만한 전통이라고 생각하지만 제사나 유교 문화에서 볼 수 있는 남녀 차별 등은 철폐해야 한다고 생각합니다.

**연습하기**

**1** 민주주의에 관한 글을 읽으면서 어려운 낱말을 국어사전에서 찾아 〈보기〉처럼 써 보세요.

옛날에는 국가의 방향을 결정할 때 왕이나 신분이 높은 귀족만 참여할 수 있었습니다. 신분이 낮은 사람은 정치에 참여할 수 없었고, 자신의 의견을 꺼내는 것조차 불경한 일이었습니다. 또, 가정의 문제를 해결할 때 집안의 남자가 선택한 대로 여자나 아이는 따라야 한다는 생각이 강했습니다. 이러한 의사 결정 과정 때문에 신분이 높은 사람이나 남자에게만 유리한 결정이 내려질 때가 많았습니다. 신분이 낮은 사람이나 여자 또는 아이의 입장에서 해결책이 나오는 일은 드물었습니다.

하지만 현대로 오면서 '민주주의' 가치가 주목받게 되었습니다. 민주주의란 '국민이 권력을 가지고 그 권력을 스스로 행사하는 제도, 또는 그런 정치를 지향하는 사상'을 말합니다. 모든 인간은 인간 그 자체로 가치가 있고, 존중받아야 한다는 생각으로 인간의 존엄성 실현을 목적으로 하는 이념이 바로 민주주의입니다.

이러한 민주주의 사상에 따라 오늘날 사회는 개인의 자유와 평등을 중요하게 생각합니다. '자유'란 타인이나 정부로부터 간섭을 받지 않고, 자신의 생각대로 선택할 수 있는 권리를 의미합니다. '평등'이란 '권리, 의무, 자격 등에 차별 없이 고르고 한결같음'을 뜻하는 말로 신분·자격·재산·성별·인종 등에 따라 차별받지 않고 동등한 대우를 받는 것을 말합니다.

자유와 평등을 기반으로 한 민주주의의 원리에 따라 국가는 모든 사람이 정치에 참여하여 공동의 문제를 해결하는 의사 결정 과정을 거치려고 노력합니다. 또, 모든 사람이 개인의 자유와 평등을 중시하고, 인간의 존엄성을 지키기 위해 계속해서 노력하고 있습니다.

**보기**

- **낱말**: 불경하다(不敬하다)
- **뜻**: 경의를 표해야 할 자리에서 무례하다.
- **예문**: 윗사람에 대한 그의 태도가 불경하다.

| 낱말 | 뜻과 예문 |
|---|---|
| **① 유리하다** | 有利하다. 이익이 있다. |
| ② | |
| ③ | |
| ④ | |
| ⑤ | |
| ⑥ | |
| ⑦ | |
| ⑧ | |
| ⑨ | |

**직접 써 보기**

**1** 민주주의에 관해 쓸 내용을 정리해서 마인드맵을 채워 보세요.

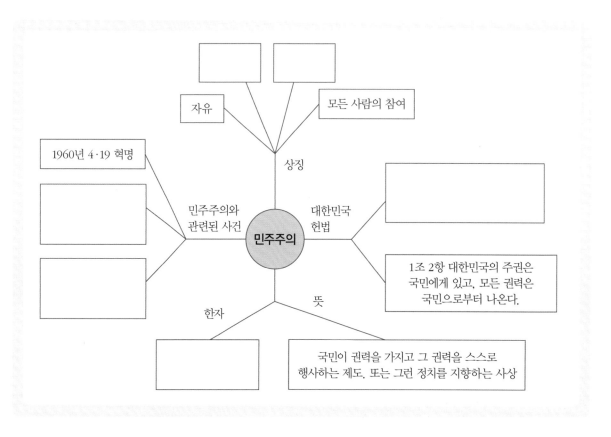

**2** 위에 그린 마인드맵을 바탕으로 민주주의에 관한 글을 〈보기〉처럼 써 보세요.

> 대한민국 헌법 제1조 1항은 '대한민국은 민주공화국이다.'입니다. 이처럼 민주주의(民主主義)는 대한민국을 규정하는 말이라고 할 수 있습니다. 우리나라의 민주주의는 무수한 사건을 거쳐서 탄생했습니다. 1960년 4·19 혁명, 1980년 5·18 민주화 운동, 1987년 6월 민주 항쟁을 거쳐 비로소 우리나라에 민주주의가 정착했다고 할 수 있습니다.
>
> 민주주의는 '국민이 권력을 가지고 그 권력을 스스로 행사하는 제도'로 그 안에 '자유와 평등'이라는 상징을 가지고 있습니다. 우선 '자유'란, 타인이나 정부로부터 간섭을 받지 않고, 자신이 생각한 대로 결정하고 행동하는 민주주의의 핵심 가치라고 할 수 있습니다. 그리고 '평등'은 부당하게 차별받지 않고, 동등한 대우를 받을 수 있는 개인의 권리라고 할 수 있습니다. 자유와 평등을 기초로 하는 민주주의는 인간의 존엄성을 실현할 수 있는 사상이라고 할 수 있습니다.

보기

# 원고지 쓰기

**이것을 배워요!**

지금까지 배운 원고지 쓰기 규칙과 교정 부호를 전체적으로 복습해요. 내용 생성·내용 조직을 통해 쓴 글을 원고지에 직접 옮겨 쓰고, 이 글을 교정 부호를 활용해서 고쳐 쓰는 '실전 연습'을 해 봐요.

# 01 원고지 쓰기

원고지 쓰기 규칙을 정리해 봐요.

**첫째 줄은 비운다.**

**라틴어도 영어를 쓰는 것과 같은 규칙을 적용한다.**

**'제목'은 원고지의 둘째 행 가운데 쓴다.**

**'소속'은 제목 바로 아래 쓰는데 뒤에 두 칸이나 세 칸을 비운다.**

**행의 맨 끝에 띄어쓰기를 할 칸이 없을 때는 그 줄의 밖에 띄어쓰기 표시(V)를 하고 다음 줄 첫 칸부터 쓴다.**

**문단의 첫머리는 한 칸을 비우고 둘째 칸부터 쓴다.**

❶

| | | C | og | it | o | | er | go | | su | m | |
|---|---|---|---|---|---|---|---|---|---|---|---|---|
| | | | | 백 | 두 | 산 | 초 | 등 | 학 | 교 | | |
| | | 6 | 학 | 년 | | 10 | 반 | | 조 | 수 | 현 | |
| | | | | | | | | | | | | |
| | 데 | 카 | 르 | 트 | 는 | | 근 | 대 | | 철 | 학 | 에 | 서 | V |
| | 사 | 람 | 들 | 에 | 게 | | 무 | 엇 | 을 | | 외 | 쳤 | 을 | 까 | ? |
| | | " | 나 | 는 | | 생 | 각 | 한 | 다 | . | | 고 | 로 | | 나 |
| | | 는 | | 존 | 재 | 한 | 다 | . | " | | | | | |

**따옴표 문장은 문장을 시작할 때와 줄이 바뀔 때 첫 칸을 비우고 쓴다.**

**문장 부호는 기본적으로 한 칸에 하나만 쓴다.**

**마침표, 쉼표, 붙임표, 물결표 다음 칸은 비우지 않는 것을 원칙으로 한다.**

**문장 부호가 원고지 끝에 걸리면 문장 부호를 다음 행에 쓰는 것이 아니라 한 줄의 마지막 칸 안이나 밖에 써 준다.**

❷

| | 제 | 23 | 회 | | 사 | 람 | 초 | 등 | 학 | 교 | | 졸 | 업 |
|---|---|---|---|---|---|---|---|---|---|---|---|---|---|
| 식 | 을 | | 안 | 내 | 해 | | 드 | 리 | 겠 | 습 | 니 | 다 | . |
| | 일 | 시 | : | | 20 | ○○ | 년 | | 2 | 월 | | 15 | 일 | V |
| | ( | 수 | ) | | 11 | : | 00 | ~ | 12 | : | 00 | | |
| | 장 | 소 | : | | 본 | 교 | | 5 | - | 6 | 학 | 년 | |
| 다 | 목 | 적 | 실 | | | | | | | | | | |
| | | " | 장 | 소 | 가 | | 붐 | 빌 | | 수 | | 있 | 으 | 니 | , |
| | 자 | 동 | 차 | 는 | | 되 | 도 | 록 | | … | … | . | " | |

**'따옴표나 닫는 괄호' 다음에 낱말이 오면 띄어 쓰고, '따옴표나 닫는 괄호' 다음에 조사가 오면 붙여 쓴다.**

**쌍점 뒤 칸은 상황에 따라 붙여서 쓰거나 띄어서 쓸 수 있다. 숫자 사이에 오는 쌍점은 반드시 붙여서 쓴다.**

**물음표와 느낌표 뒤에 오는 따옴표는 물음표와 느낌표 다음 칸에 쓴다. 하지만 마침표 뒤에 오는 따옴표는 마침표가 있는 칸 안에 함께 쓴다.**

알파벳 대문자, 낱자로 된 숫자는 원고지 한 칸에 한 자씩 쓴다.

두 자 이상으로 된 알파벳 소문자와 숫자는 원고지 한 칸에 두 자씩 쓴다.

홀수로 이루어진 알파벳 소문자와 숫자는 앞에서부터 두 자씩 끊어서 쓴다. 라틴어도 마찬가지이다.

**❸**

| | | " | H | ow | | ma | ny | | ne | wb | or | ns | | ar | eV |
|---|---|---|---|---|---|---|---|---|---|---|---|---|---|---|---|
| | | th | er | e | | in | | yo | ur | | co | un | tr | y | ?" |
| | | 20 | 22 | 년 | | 한 | 국 | 에 | 서 | | 태 | 어 | 난 | | |
| | 신 | 생 | 아 | 는 | | 약 | | 24 | 9, | 00 | 0 | 명 | 으 | 로 | V |
| | 발 | 표 | 되 | 었 | 다 | . | | 20 | 03 | 년 | | 당 | 시 | | |
| | 49 | 5, | 03 | 6 | 명 | 에 | 서 | | 지 | 금 | 까 | 지 | | 출 | |
| | 산 | 율 | 은 | | 꾸 | 준 | 히 | | 낮 | 아 | 지 | 고 | | 있 | |
| | 다 | . | 이 | 런 | | 추 | 세 | 라 | 면 | | 한 | 국 | 의 | | |
| | 전 | 체 | | 인 | 구 | | 감 | 소 | 는 | | 예 | 상 | 보 | 다 | V |
| | 더 | | 빠 | 르 | 게 | | 진 | 행 | 될 | | 것 | 이 | 다 | . | |

한 줄에 쓸 수 있는 칸이 제한되어 있으면 단위가 작은 숫자나 영어의 경우 다음 줄에 쓰는 것이 아니라 앞줄 끝 칸 밖에 붙여 쓴다.

한 줄에 쓸 수 있는 칸이 제한되어 있으면 단위가 큰 숫자의 경우 남는 칸을 비워 두고, 다음 줄의 첫 칸부터 쓸 수 있다.

닫는 따옴표가 줄의 첫 칸에 올 경우 줄 끝 칸에 붙여 쓴다. 또 마침표, 쉼표, 물음표, 느낌표 등의 부호도 줄의 첫 칸에는 쓰지 않도록 주의한다.

**❹**

| | | " | W | he | re | | ar | e | | yo | u | | fr | om | ? " |
|---|---|---|---|---|---|---|---|---|---|---|---|---|---|---|---|
| | | " | I | 'm | | fr | om | | U | ni | te | d | | S | - |
| | | ta | te | s | | of | | A | me | ri | ca | | . " | | |
| | | U | ni | te | d | | S | ta | te | s | | of | | A | - |
| | me | ri | ca | 란 | | 쉽 | 게 | | 말 | 해 | | 미 | 국 | | |
| | ( | U | S | A | ) | | 을 | | 뜻 | 한 | 다 | . | | | |

따옴표나 괄호 등의 부호가 줄의 마지막 칸에서 시작할 때는 끝의 칸을 비우고 다음 줄 첫 칸에 써 준다.

한 줄에 쓸 수 있는 칸이 제한되어 있으면 글자 수가 많은 영어 낱말의 경우 붙임표를 활용해서 다음 줄에 이어 쓸 수 있다.

**1** 〈보기〉에서 완성한 글을 보고, 이를 원고지에 옮겨 쓰는 연습을 해 보세요.

**자신이 글로 쓰고 싶은 '주제'에 대해 떠오르는 생각을 모두 적어 보세요.** 〈내용 생성〉

덥다, 팥빙수, 에어컨, 잠을 못 잔다, 땀이 흐른다, 목욕, 샤워, 얼음, 선풍기, 바람, 태풍, 후덥지근하다, 감기, 비염, 죽겠다, 수박, 포도, 참외, 자두, 복숭아

**브레인스토밍한 내용을 마인드맵이나 개요 등으로 정리해 주세요.** 〈내용 조직〉

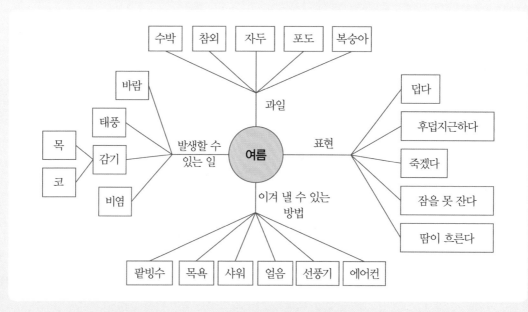

**위에 정리한 내용을 바탕으로 하나의 글을 완성해 보세요.** 〈표현〉

〈제목〉 ➡ **뜨거운 여름**

〈학교 학년 반 이름〉 ➡ 사람초등학교 6학년 8반 이진경

"진경아, 수박 먹어라."

뜨거운 여름, 엄마가 나를 불렀다. 요즘 여름은 어찌나 뜨거운지 모르겠다. 후덥지근하고, 죽겠고, 땀이 흐르고, 잠을 못 자고……. 계속된 악순환의 연속이다. 에어컨, 선풍기, 수박, 팥빙수가 없으면 여름을 어떻게 버틸 수 있을까? 알다가도 모를 일이다. 이렇게 더운 여름에 가장 강력한 태풍이 내일부터 들이닥친다고 한다. 이렇게 태양이 쨍쨍한데? 알다가도 모를 일이다.

[1~4] 직접 원고지에 글을 작성해 보세요.

**1** 자신이 글로 쓰고 싶은 '주제'에 대해 떠오르는 생각을 모두 적어 보세요.

**2** 브레인스토밍한 내용을 마인드맵이나 개요 등으로 정리해 보세요.

**3** 위에 정리한 내용을 바탕으로 하나의 글을 완성해 보세요.

〈제목〉 ➝

〈학교 학년 반 이름〉 ➝

**4** 앞의 글을 아래 원고지에 바르게 옮겨 적어 보세요.

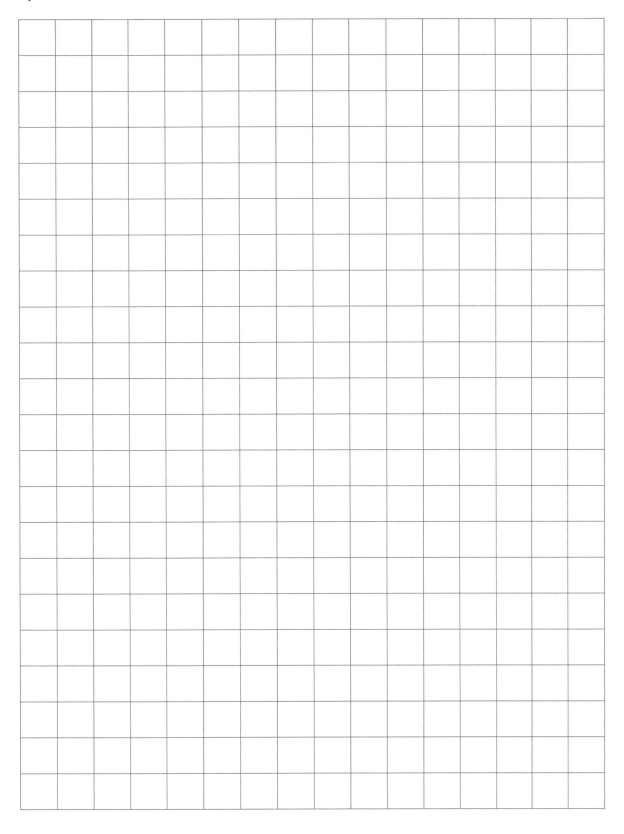

# 02 | 교정 부호 – ① 교정 부호 알기

▷ 띄어쓰기 교정

| 교정 부호 | 이름 | 쓰임 | 표시 방법 |
|---|---|---|---|
| ∨ | 띄움표 | 띄어 쓸 때 | 한개, 차한대 |
| ⌒ | 붙임표 | 붙여 쓸 때 | 버스 입니다. |

▷ 글자, 문장 부호 교정

| 교정 부호 | 이름 | 쓰임 | 표시 방법 |
|---|---|---|---|
| ∨  ⌴ | 고침표 | 틀린 글자나 내용을 바꿀 때<br>면<br>좋 아 하 명<br>거나<br>적 었 든 간 에 | 웬<br>왠일이야?<br>부치다<br>편지를 붙어라. |
| ~ | 뺌 표 | 글자를 뺄 때 | 삼가하다. 아침음식을 먹었다. |
| ‿ | 넣음표 | 글자를 넣을 때 | 연수같이<br>아침에 비가 왔다. |
| ∧ | 부호 넣음표 | 쉼표나 마침표 등의 부호를 넣을 때 | 콜라사이다주스환타 |
| = | 지움표 | 내용을 삭제할 때<br>(여러 글자 삭제) | 일주일에 한 번 정도 학원에서 교습을<br>받고, 집에서 연습한다. |

▷ 글자의 순서나 줄을 바꿀 때

| 교정 부호 | 이름 | 쓰임 | 표시 방법 |
|---|---|---|---|
| ∽ | 자리 바꿈표 | 글자나 낱말의 순서를 바꿀 때 | 엄마를 사랑하는 |
| ⌐ | 줄 바꿈표 | 줄을 바꿀 때 | "잠깐만!" 동생은 다급하게 외쳤다. |
| ⟲ | 줄 이음표 | 줄을 이을 때 | "아쉽지만 잘했어."<br>라며 엄마가 칭찬해 주었다. |

**1** 틀린 부분을 〈보기〉처럼 교정 부호를 사용하여 고쳐 보세요.

> 보기 젖가락으로 짜장면곱배기를 빠르게 먹고, 거기에 밥을 비벼서 숫가락으로 퍼 먹었다.

**❶** 애띤 얼굴을 가진 그녀는 어줍잖은데가 있었지만, 마음이 아름다워서 모두의 아름다운 사랑을 받았다.

**❷** 수진기영한철이는 해수로욕장에 가서 신 나게 놀고 나서, 밤에는 모닥불을 폈다.

**2** '제시된 문단'을 교정 부호를 사용해서 '바꾸려는 문단'으로 수정해 보세요.

〈바꾸려는 문단〉

"스마트폰 그만 좀 해라. 저녁 먹고 나서 그것만 하고 앉아 있네."
엄마의 불호령이 오늘도 떨어졌다. 학원까지 다녀와서 밥 먹고, 잠깐 하는 것만으로도 엄마는 나에게 뭐라고 한다.
'흥! 나도 스마트폰 많이 하면 안 좋다는 걸 알고 있다고!'
엄마 말에 들은 체도 하지 않고, 스마트폰 게임에 집중했다. 엄마는 나에게 으르렁거리다가 마트에 갔다 온다고 나갔다. 야호…… "어?" 갑작스레 현관문이 열린다. 아! 엄마가 나간 지 20분이나 지났는데, 난 스마트폰에 빠져서 그 시간이 흐른 줄도 몰랐다. 스마트폰만 하면 시간은 순식간에 지나간다.

〈제시된 문단〉

"스마트폰 그만좀 해라. 저녁 밥 먹고 나서 그것만 하고 앉아있네."
엄마의 호령이 오늘도 떨어졌다. 학원까지 다녀 와서 밥 먹고, 잠깐 하는 것만으로도 나에게 엄마는 뭐라고 한다. '흥! 나도 스마트폰 많이 하면 안좋다는 걸 알고 있다고!' 엄마 말에 들은체도 하지 않고, 스마트폰 게임에 빠졌다.
엄마는 나에게 으르렁 거리다가 마트에 갔다 온다고 나갔다. 야호…… "어?" 현관문이 사르르 열린다. 아! 엄마가 나간 지 20분이나 지났는데, 난 스마트폰에 빠져서 그 시간이 흐른줄도 몰랐다. 스마트폰만 하면 시간은 순식 간에 지나간다.

**연습하기**

**1** 원고지에 '제시된 문단'을 교정 부호를 사용해서 '바꾸려는 문단'으로 수정해 보세요.

❶ 〈바꾸려는 문단〉

　　지리산은 소백산맥에서 뻗어 나와 경상남도, 전라북도, 전라남도에 걸쳐 있는 산이다. 가장 높은 봉우리는 천왕봉으로 높이는 1,915m이다. 지리산은 민족의 영산으로 불리고, 1967년 대한민국에서 최초로 국립공원으로 지정되었다.

　　지리산 국립공원 홈페이지에는 "이질적인 문화를 가진 동과 서, 영남과 호남이 서로 만나는 지리산을 단순히 크다, 깊다, 넓다는 것만으로는 표현할 수 없는 매력이 있는 곳이다."라고 지리산을 소개하고 있다.

〈제시된 문단〉

| | 지 | 리 | 산 | 은 | | 소 | 백 | 산 | 맥 | 에 | 서 | | 뻣 | 어 | 나 | |
|---|---|---|---|---|---|---|---|---|---|---|---|---|---|---|---|---|
| 와 | | 경 | 상 | 남 | 도 | 전 | 라 | 북 | 도 | 전 | 라 | 남 | 도 | 에 | | |
| 걸 | 쳐 | 있 | 는 | | 산 | 이 | 다 | . | | 가 | 장 | | 높 | 은 | | 봉 |
| 오 | 리 | 는 | | 천 | 왕 | 봉 | 으 | 로 | | 높 | 이 | 는 | | 1, | 91 | 5m |
| 이 | 다 | . | 지 | 리 | 산 | 은 | | 민 | 족 | 의 | | 영 | | 산 | 으 | |
| 로 | | 불 | 리 | 우 | 는 | | 산 | 으 | 로 | | 19 | 67 | 년 | | 최 | |
| 초 | 로 | | 대 | 한 | 민 | 국 | | 명 | 산 | | 국 | 립 | 공 | 원 | 으 | |
| 로 | | 지 | 정 | | 되 | 었 | 다 | . | 지 | 리 | 산 | | 국 | 립 | 공 | |
| 원 | | 홈 | 페 | 이 | 지 | 에 | 는 | | " | 이 | 질 | 적 | 인 | | 문 | |
| 화 | 를 | | 가 | 진 | | 동 | 과 | | 서 | | 영 | 남 | 과 | | 호 | |
| 남 | 이 | | 서 | 로 | | 만 | 나 | 는 | | 지 | 리 | 산 | 을 | | 단 | |
| 순 | 히 | | 크 | 다 | , | | 깊 | 다 | , | 넓 | 다 | 는 | 것 | 만 | 으 | 로 |
| 는 | | 표 | 현 | 할 | 수 | 없 | 는 | | 엄 | 청 | 난 | | 매 | 력 | 이 | V |
| 있 | 는 | | 곳 | 이 | 다 | . | " | | | | | | | | | |
| | 라 | 고 | | 지 | 리 | 산 | 을 | | 표 | 현 | 한 | 다 | . | | | |

**❷** 〈바꾸려는 문단〉

　비(比)란 어떤 두 개의 수 또는 양을 서로 비교하여 몇 배인가를 나타내는 관계입니다. 보통 기호 :(쌍점)을 사용하여 나타냅니다. 4와 5의 비를 4:5라 쓰고, 4 대 5라고 읽습니다. 이것은 '4의 5에 대한 비, 5에 대한 4의 비'라고 말하기도 합니다.

　4:5에서 기호 :의 오른쪽에 있는 5는 기준량이고, :의 왼쪽에 있는 4는 비교하는 양입니다. 예를 들어 3에 대한 1의 비라고 하면 기준량이 3, 비교하는 양이 1입니다.

〈제시된 문단〉

|   |   |   |   |   |   |   |   |   |   |   |   |   |   |   |   |   |
|---|---|---|---|---|---|---|---|---|---|---|---|---|---|---|---|---|
|   | 비 |   | ( | 比 | ) | 란 |   | 어 | 떤 |   | 두 | 개 | 의 |   | 수 | V |
| 또 | 는 | 양 | 을 |   | 서 | 로 |   | 비 | 교 | 하 | 여 |   | 몇 | 배 | 인 |   |
| 가 | 를 |   | 나 | 타 |   | 내 | 는 |   | 관 | 개 | 입 | 니 | 다 | . | 보 |   |
| 통 |   | 기 | 호 |   | : |   | ( | 쌍 | 점 | ) | 을 |   | 사 | 용 | 하 |   |
| 여 |   | 표 | 현 | 합 | 니 | 다 | . | 4 | 와 |   | 5 | 의 |   | 비 | 율 |   |
| 를 |   | 4 | : | 5 | 라 |   | 쓰 | 고 |   | 4 | 대 | 5 | 라 | 고 |   |   |
| 익 | 습 | 니 | 다 | . | 이 | 것 | 은 |   |   |   |   |   |   |   |   |   |
|   | ' | 4 | 의 |   | 5 | 에 |   | 대 | 한 |   | 비 | , |   | 5 | 에 |   |
| 대 | 한 |   | 4 | 의 |   | 비 | ' |   | 라 | 고 |   | 말 | 하 | 기 | 도 |   |
| 합 | 니 | 다 | . |   | 4 | : | 5 | 에 | 서 |   | 기 | 호 |   | : | 의 |   |
| 오 | 른 |   | 쪽 | 에 |   | 있 | 는 |   | 5 | 는 |   | 기 | 준 | 량 | 이 |   |
| 라 | 고 |   | 하 | 고 | , |   | : | 의 |   | 왼 |   | 쪽 | 에 |   | 있 |   |
| 는 |   | 4 | 는 |   | 비 | 교 | 하 | 는 |   | 양 | 입 | 니 | 다 | . | 3 |   |
| 에 |   | 대 | 한 |   | 1 | 의 |   | 비 | 라 | 고 |   | 하 | 면 |   | 기 |   |
| 준 | 량 | 이 |   | 3 | , | 비 | 교 | 하 | 는 |   | 양 | 이 |   | 1 | 이 |   |
| 라 | 고 |   | 할 |   | 수 |   | 있 | 습 | 니 | 다 | . |   |   |   |   |   |

[1~2] 〈보기〉에서 완성한 글을 보고, 원고지에 쓴 글을 수정하는 연습을 해 보세요.

**'공 던지는 방법'에 대해 떠오르는 생각을 모두 적어 보세요. 〈내용 생성〉**

각도, 힘, 세기, 어깨, 던진다, 방향, 조절한다, 허리, 손목, 공의 크기, 크기에 따라 달리해서 던진다, 성공률, 연습하다, 던지기 게임, 야구, 농구, 매일 해 보기, 피구, 럭비, 성공하다, 전략, 적용하다, 던지는 힘

**브레인스토밍한 내용을 마인드맵이나 개요 등으로 정리해 보세요. 〈내용 조직〉**

보기

| 공을 던지는 게임의 종류 | • 공을 던지는 게임: 야구, 농구, 피구, 럭비 등<br>• 공의 크기와 모양, 공을 던지는 방법이 서로 다름 |
|---|---|
| 공을 던지는 방법 | • 방향을 정확하게 조준<br>• 원하는 곳까지 던지는 힘을 조절<br>• 공의 크기에 따라 던지는 방법을 달리함 |

**위에 정리한 내용을 바탕으로 하나의 글을 완성해 보세요. 〈표현〉**

공을 던지는 활동은 다양한 게임에서 중요하다. 야구, 농구, 피구, 럭비 등 공을 던질 때 정확하게 던지는 것이 게임의 승패를 가르는 경우가 많다. 공의 크기와 모양, 던지는 방법이 다른 체육 활동에서 공을 잘 던지려면 어떻게 해야 할까? 공을 잘 던지기 위해서는 원하는 방향을 정확하게 조준해야 한다. 그리고 원하는 곳까지 공이 다다르기 위해서 힘 조절도 중요하다. 공의 크기에 따라 던지는 방법을 달리하면 성공률을 더욱 높일 수 있다.

**1** 앞의 글을 아래 원고지에 바르게 옮겨 적어 보세요.

**2** 위의 글을 다음과 같이 고치려고 해요. 위에 쓴 원고지에 교정 부호를 활용하여 수정해 보세요.

　　공을 던지는 활동은 여러 가지 게임에서 중요하다. 야구, 농구, 피구, 럭비 등은 공을 던질 때 정확히 보내는 것이 경기의 승패를 가르는 경우가 많다. 공의 크기와 모양, 던지는 방법이 서로 다른 놀이에서 공을 잘 던지려면 어떻게 해야 할까?

　　공을 바르게 던지기 위해서는 원하는 방향을 똑바로 겨냥한다. 또, 원하는 곳까지 공이 다다르게 하기 위해서 힘 조절도 필수이다. 공의 크기에 따라 던지는 방법을 달리하면 성공률을 조금 더 높일 수 있다.

**[3~6] 내용 생성, 내용 조직을 통해 직접 원고지에 글을 쓰고, 이를 교정 부호를 활용해 수정하는 연습을 해 봐요.**

**3** 자신이 글로 쓰고 싶은 '주제'에 대해 떠오르는 생각을 아래 칸에 모두 적어 보세요.

**4** 브레인스토밍한 내용을 마인드맵이나 개요 등으로 정리해 보세요.

**5** 위에 정리한 내용을 바탕으로 원고지에 직접 글을 완성해 보세요.

**6** 글을 다시 한번 읽고, 고쳐야 할 부분이 있다면 교정 부호를 사용해서 원고지의 글을 고쳐 보세요.

# 장르 및 목적에 따라 글쓰기 (1)

이번 단원에서는 생활문이나 기행문을 직접 써 보는 연습을 해요.

새롭게 배우는 글로 극본이 있어요. 극본은 연극이나 뮤지컬, 영화 등을 만들기 위해 쓰는 글이기 때문에 글 전체가 대사·지문·해설로 이루어져요. 그래서 극본은 여타 다른 글과 다르게 대사·지문·해설로 인물·사건·배경을 나타내야 하죠. 여기서는 이러한 극본의 특성을 알고, 좋은 극본을 쓰는 연습을 해 봐요.

이 외에도 독서 감상문과 비슷한 특징을 가진 영화 감상문을 쓰고, 자신이 상상한 세계를 이야기로 꾸며 표현하는 연습을 해요.

# 생활문 쓰기

**알아 두기** 일기나 생활문, 편지 등의 글을 쓸 때는 '인상 깊은 장면'에 대한 생각과 느낌을 강조해서 쓰는 것이 중요해요. 그 부분을 어떻게 쓰느냐에 따라 독자가 '글'을 대하는 태도가 달라지거든요. 여기서는 인상 깊은 일과 그에 대한 생각과 느낌을 구체적으로 떠올린 후, 이를 바탕으로 생활문 한 편을 작성하는 시간을 가져요.

**연습하기**

**1** 〈보기〉를 참고하여 빈칸에 인상 깊은 일에 대한 생각과 느낌을 써 글을 완성해 보세요.

• 계획하기: 글을 작성하기 전에 아래의 표를 채워 보세요.

| 글을 쓰는 목적 | '우유'와 관련된 경험을 다른 사람에게 전달하고 싶다. |
|---|---|
| 글을 읽는 사람 | 세상 사람들 모두가 독자 |
| 글의 주제 | 싫어하는 우유 먹기 |

**잠깐만!!** 독자가 흥미를 느끼거나 자신이 잘 쓸 수 있는 내용을 생활문의 주제로 선택하는 것이 좋아요.

• 브레인스토밍: 글의 주제와 관련된 내용을 브레인스토밍해 보세요.

 매일 아침 전달되는 우유, 우유 먹기 싫다, 키, 키가 큰 사람, 선생님의 말씀, 꾹 참고 마시기, 속이 울렁거린다, 토할 것 같다, 비릿한 맛, 과연 내가 우유를 좋아할 수 있을까? 싫은 마음, 키 걱정

• 개요 짜기

| 처음 | • 아침마다 배달되는 우유<br>• 키가 작은 나 |
|---|---|
| 가운데 | • 선생님께서 우유를 먹는 이유에 대해 설명해 줌<br>• 우유를 먹겠다는 결심(키 크고 싶다)<br>• 우유 한 모금(웩!)☆<br>• 토할 것 같은 나 |
| 끝 | • 심각했던 상황<br>• 매일 조금씩이라도 마셔야지. |

나는 우유를 싫어한다. 하얀 액체에 아무 맛도 나지 않는 우유를 굳이 먹고 싶지 않다. 어떤 날은 우유에서 비릿한 맛이 올라오기도 한다. 3학년 때 선생님은 우유를 무조건 먹게 해서 정말 죽을 맛이었다. 우유는 나에게 언제나 고민거리였다.

하지만 오늘 '우유에 대한 생각'이 바뀔 정도의 강렬한 충격이 찾아왔다. 바로, 우유가 키 크는 데 필수 요소라는 체육 선생님의 말씀 때문이다. 6학년이지만 다른 아이들에 비해 유독 키가 작은 나는 이 말에 눈이 번쩍 뜨였다.

선생님은 많은 사람이 키가 '유전'이라고 말하지만 100% 맞는 말은 아니라고 하셨다. 만약 아이가 엄마 배 속에 있을 때부터 부모가 먹는 음식에 신경을 쓴다면 부모와 체형이 다른 아이가 나올 가능성이 크다고 하셨다(키가 작은 부모 밑에서 키가 큰 아이가 나오기도 하지 않는가?).

선생님께서는 농구 선수는 고기를 많이 먹고, 거기에 더해서 우유를 하루 1L 이상 마신다고 했다. 또, 교실에서 우유를 많이 마시는 아이를 한 번 보라고 했다. 헉! 승윤이, 택이, 민범이 모두 키가 크다! 선생님의 말에 확 믿음이 갔다.

**'키 크고 싶다!!!!'**

---

선생님은 우유를 계속 조금씩 입에 대면 언젠가는 우유를 마실 수 있을 거라고 하셨다. 생각해 보니 어렸을 때는 김치를 죽도록 싫어하던 내가 지금은 어느 정도 김치를 먹는다.

내일부터는 우유를 조금씩이라도 마셔야겠다. 키 크고 싶다. 밥도 많이 먹고, 거기에다가 우유까지 마신다면 언젠가는 크겠지? 내일은 세 모금까지 꼭 마셔야지. 나는 굳게 결심했다.

**직접 써 보기** [1~5] 앞의 생활문처럼 자신이 겪은 일을 실감 나게 써 보세요.

**1** 자신이 겪은 일과 관련된 낱말에 ○표 해 보세요.

| | | | | | | | |
|---|---|---|---|---|---|---|---|
| 애완동물 | 친구 | 여행 | 가족 | 친척 | 운동 | 소풍 | 책 |
| 계절 | 학교 | 선생님 | 시골 | 옷 | 머리 | 공부 | 학원 |

**2** 위에 ○표 한 낱말을 떠올리면 생각나는 경험을 브레인스토밍해 보세요.

**3** 브레인스토밍한 내용을 마인드맵이나 개요로 정리해 보세요(가장 인상 깊은 일에는 별표를 해 주세요).

**4** 글을 쓰기 전에 글을 쓰는 목적과 독자, 글의 주제를 생각해 보세요.

| | |
|---|---|
| 글을 쓰는 목적 | |
| 글을 읽는 사람 | |
| 글의 주제 | |

**5** 앞에 적은 것을 토대로 생활문을 작성해 보세요.

**연습하기**

**1** 〈보기〉를 참고하여 빈칸에 여정과 견문에 대한 '감상'을 적어 보세요.

---

• **계획하기**: 글을 작성하기 전에 아래의 표를 채워 보세요.

| 여행 갔던 곳 | 여수(오동도, 여수 해상 케이블카, 돌산공원) |
|---|---|
| 그곳에 간 이유 | 가족 여행으로 여수에 갔다. |
| 글을 읽는 사람 | 겨울 방학을 마치고 돌아온 친구들 |

• **여정과 견문**: 여행 일정과 그곳에서 보고 들은 것을 생각해서 나타내 보세요.

〈여정〉 오동도 ⋯▶ 여수 해상 케이블카 ⋯▶ 돌산공원
〈견문〉

보기

1. 오동도　　　　　　　– 동백섬, 바다의 꽃섬이라고도 불림
　　　　　　　　　　　– 동백나무 군락지, 이순신 장군 수군 훈련장, 오동도 등대
2. 여수 해상 케이블카 – 바다를 통해 섬과 육지를 연결
　　　　　　　　　　　– 거북선대교, 돌산대교, 장군도, 하멜전시관과 여수 시내를 한눈에
　　　　　　　　　　　　내려다볼 수 있음
3. 돌산공원　　　　　　– 산책로와 쉼터, 형형색색으로 물드는 돌산대교를 보기에 안성맞춤

• **감상**

- 따뜻한 봄바람이 살랑대는 여수를 여행할 생각에 들떴다.
- 아기자기하게 꾸민 집들 아래 펼쳐진 아름다운 해안선과 영롱한 빛깔의 바다가 내 마음을 설레게 했다. 바다를 바라보면 올망졸망한 여러 섬이 모여 있는데 그 모습이 눈을 즐겁게 했다.
- 여수 해상 케이블카를 타면서 마치 바다를 걷는 듯한 느낌이 들었다.
- 엄마의 환한 웃음을 볼 수 있어서 행복했다. 여유를 느꼈다.
- 다음에는 고소동 벽화마을이나 향일암에도 가보고 싶다.

**잠깐만!!** 기행문도 다른 글과 마찬가지로 자신의 생각과 느낌을 구체적으로 묘사하면 더 좋은 글이 될 수 있어요.

## • 글쓰기

따뜻한 봄바람이 불어오는 3월, 오랜만에 온 가족이 함께 여행을 떠났다. 여수, 곱디고운 물을 품고 있다고 해서 정해진 이름. 몇 개의 터널을 지나자 아름다운 바다가 한눈에 들어왔다. 맑은 햇살이 잔잔히 흐르는 바닷물을 비춰서 만들어 낸 에메랄드빛. 역시 한려해상 국립공원이 될 자격을 갖춘 멋진 풍광이었다.

사실 여수 여행은 엄마를 위한 여행이었다. 겨울에 피는 꽃, 동백꽃을 보여 주면 엄마가 얼마나 기뻐할까를 생각하면서 아빠와 나, 동생이 심각하게 고민해서 선택한 장소가 바로 여수다.

동백섬, 바다의 꽃섬이라고 불리는 오동도. 동백꽃은 찬 서리가 내리는 10월부터 피기 시작해서, 3월이 되면 오동도 전체를 뒤덮을 정도로 만개한다고 한다. 이렇게 날씨 좋은 날, 동백꽃을 보는 엄마의 마음이 얼마나 기쁠까? 그 이유 하나만으로도 여수에 올 이유는 충분했다.

순환 버스를 타고 기다란 방파제를 지나 오동도에 도착했다. 빨갛게 핀 동백꽃이 수없이 피어 있었다. 엄마는 기뻐하며 동백꽃 앞에서 포즈를 취하고 우리와 함께 사진을 찍었다. 이순신 장군 수군 훈련장에는 거북선까지 놓여 있어서 볼 것이 많았다. 특히 엄마가 진정으로 즐거워했기에 오동도에 온 보람이 있었다.

오동도에서 나와서 눈을 들어 보니, 높다란 절벽 위에 여수 해상 케이블카가 보였다. 우리는 높은 절벽 위까지 엘리베이터를 타고 올라가서 케이블카 표를 끊었다(바다를 통해 섬과 육지를 연결한 국내 최초의 케이블카라고 한다). 우리 가족만 타고 있는 케이블카 안이 아늑하고 좋았다. 이 케이블카 안에서 거북선대교, 돌산대교, 장군도, 하멜전시관과 여수 시내를 한눈에 볼 수 있었다. 케이블카에서 내려서 돌산공원 쉼터에서 본 형형색색의 돌산대교는 여수에 오기 정말 잘했다는 생각이 들게 만들었다.

**직접 써 보기** [1~4] 앞의 기행문처럼 자신이 겪은 일을 실감 나게 써 보세요.

**1** 여행 갔던 곳과 그곳에 간 이유, 글을 읽는 사람을 적어 보세요.

| | |
|---|---|
| 여행 갔던 곳 | |
| 그곳에 간 이유 | |
| 글을 읽는 사람 | |

**2** 여행 갔던 경험에서 떠오르는 여정, 견문, 감상 등을 아래 칸에 자유롭게 적어 보세요.

**3** 위에 쓴 내용을 참고해서 여정, 견문, 감상을 마인드맵으로 정리해 보세요.

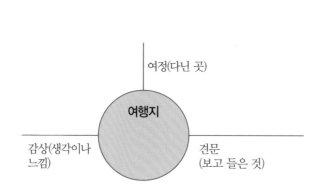

**4** 앞에 적은 것을 토대로 기행문을 작성해 보세요.

# 03 극본 쓰기

 알아 두기 극본은 '연극이나 영화를 만들기 위하여 쓴 글'이에요. 극본에는 인물의 '대사, 표정, 동작'에 대한 설명이 들어가야 해요. 또, 무대 장치 설정 등을 추가하면 더 좋은 극본이 되지요. 여기서는 극본의 특성을 이해하고, 극본을 작성하는 연습을 해 봐요.

**연습하기** [1~2] 다음 글을 읽고, 물음에 답하세요.

## 삼 년 고개

옛날, 어느 마을에 할아버지와 할머니가 살았습니다. 할아버지와 할머니가 사는 이 동네에는 예부터 유명한 고개 하나가 있었습니다. 고개의 이름은 바로 '삼 년 고개'. 이 고개에서 넘어지면 삼 년 뒤에 죽는다는 소문 때문에 붙여진 이름이었습니다. 그래서 마을 사람들은 삼 년 고개를 넘을 때만은 조심히 걸으려고 했습니다.

그러던 어느 날이었습니다. 할아버지가 산에서 나무를 하고, 삼 년 고개를 넘고 있었습니다.

"아휴, 삼 년 고개에 도착했구나. 천천히 쉬어 가면서 조심조심 걸어야겠다."

할아버지는 하늘을 보며, 미소를 지었습니다. 그때였습니다. "악!" 갑자기 길옆에서 나타난 토끼 한 마리 때문에 할아버지는 깜짝 놀라고 말았습니다. 가슴을 쓸어내리던 할아버지는 자신이 어느 순간 땅에 손을 짚고 있다는 사실을 깨달았습니다.

"아뿔싸! 내가 그만 삼 년 고개에서 넘어지고 말았구나. 이제 내 목숨은 삼 년밖에 남지 않았어."

할아버지는 눈에서 눈물이 솟아올랐습니다. 할아버지는 집에 돌아와서 할머니에게 삼 년 고개에서 넘어졌다는 말도 하지 않고, 방에 시름시름 앓아누웠습니다. 이후로 할아버지는 집에 누워만 있었고, 시간이 지나면서 몸은 점점 더 쇠약해져 갔습니다. 고개에서 넘어진 지 3년이 다 되어 갈 무렵, 할머니는 답답한 마음에 할아버지에게 왜 이렇게 앓게 되었느냐고, 말이라도 해 보라고 애원했습니다.

"여보, 미안하네. 내가 3년 전에 삼 년 고개에서 넘어졌어. 내 목숨이 3년밖에 안 남았다는 소리를 당신에게 어찌 편하게 할 수 있었겠소?"

"아니! 여보. 그게 이유였어요? 당신 빨리 일어나시구려. 얼른 삼 년 고개에 가서 시원하게 더 넘어지시게. 한 번 더 넘어지시면 3년을 더 살고, 또 넘어지면 6년, 9년, 12년 당신은 아마 영원히 살 수 있을 거란 말이오."

할아버지는 할머니의 말을 듣고, 눈이 번쩍 뜨였습니다. 삼 년 고개에 얼른 뛰어가서 두 번, 세 번…… 할아버지는 크게 웃으며 수십 번은 더 넘어졌습니다. 넘어질수록 할아버지 몸에서는 기운이 차오르는 것 같았습니다.

"하하하! 우리 할멈 덕분에 내가 영원히 살게 되었구나."

그 이후로 할아버지는 완전히 기운을 되찾아서, 할머니와 오래오래 행복하게 살았습니다.

**1** 극본의 특성을 정리한 글이에요. 〈보기〉에서 알맞은 말을 골라 빈칸에 써 보세요(한 보기가 두 번 들어 갈 수 있어요).

> 보기　　　대사, 마음, 지문, 말, 행동, 해설

❶ 극본은 대표적으로 [　　　　　] [　　　　　] [　　　　　]으로 이루어진다.

❷ [　　　　　]: 연극이나 영화 따위에서 배우가 하는 말

❸ [　　　　　]: 극본에서 배우의 행동과 감정 표현 등을 알려 주는 말

❹ [　　　　　]: 때, 곳, 등장인물, 무대 장치, 무대 바뀜 등을 설명하는 부분

**2** 〈삼 년 고개〉 극본을 만들었어요. 빈칸에 알맞은 말을 써 보세요.

### 삼 년 고개

- 때: 옛날 옛적
- 곳: 옆에 고개가 보이는 한적한 초가집
- 등장인물: ❶ _____

　막이 열리면 할머니는 방을 청소하고 있고, 할아버지는 삼 년 고개 너머에서 ❷ _____
_____ .

할머니: (방을 닦으며) 우리 영감, 언제 오려나? 날씨도 맑구나. 얼른 저녁 해 놔야겠네. 삼 년 고개
　　　　를 조심히 넘어와야 할 텐데.

할아버지: ❸ (　　　　　　　　　　　　　　　) 으라차차! 힘이 넘치는구나. 어서 나무를 베고,
　　　　집에 가서 할멈이랑 저녁 먹어야지. 삼 년 고개만 조심하면 되겠구먼.

　(삼 년 고개에 무대 조명이 비춘다. 무대에 목소리가 들린다.) 삼 년 고개, 이 마을의 명물입니다.
삼 년 고개에서 넘어지는 사람은 삼 년 안에 목숨을 잃는다는 무서운 소문이 있었습니다. 마을 안
에는 삼 년 고개에서 넘어진 후, 삼 년 안에 죽은 사람이 많았습니다.

할아버지: (춤을 추며 콧노래를 흥얼거린다.) ❹ _____

　_____

**직접 써 보기** [1~4] 배운 내용을 바탕으로 '삼 년 고개'를 극본으로 작성해 보세요.

**1** '삼 년 고개'를 마인드맵으로 정리해 보세요.

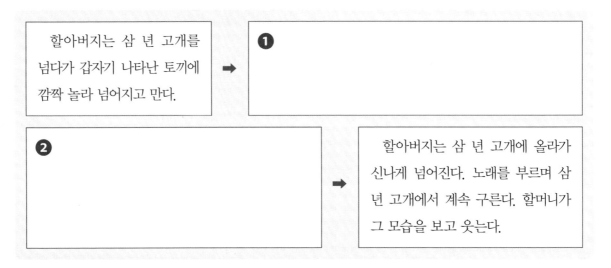

**2** 극본을 쓸 때 인상 깊게 표현하고 싶은 장면과 그 이유를 적어 보세요.

| 인상 깊게 표현하고 싶은 장면 | 이유 |
|---|---|
|  |  |

**3** 각 등장인물의 성격이나 행동을 어떻게 묘사하면 좋을지 빈칸에 써 보세요.

| | |
|---|---|
| 할아버지 | • 흥이 많다.<br>• |
| 할머니 | • 할아버지를 항상 생각하고, 걱정한다.<br>• |
| 토끼 | • 갑자기 등장하는 신 스틸러<br>• |

**하나 더!**

영화 용어로 '신 스틸러(Scene Stealer)'란 뛰어난 연기력으로 주연보다 주목받는 조연을 말해요.

**4** 앞의 내용을 바탕으로 극본을 완성해 보세요.

---

### 삼 년 고개

· 작가:

· 등장인물:

· 때:

· 곳:

---------------------------------------------------------------

---------------------------------------------------------------

---------------------------------------------------------------

---------------------------------------------------------------

---------------------------------------------------------------

---------------------------------------------------------------

---------------------------------------------------------------

---------------------------------------------------------------

---------------------------------------------------------------

---------------------------------------------------------------

---------------------------------------------------------------

**잠깐만!!** '삼 년 고개' 전체 내용을 극본으로 완성하지 않아도 돼요.
자신이 쓰고 싶은 부분까지 극본을 완성해 봐요.

# 04 영화 감상문 쓰기

 영화 감상문을 쓸 때 형식에 얽매이기보다는 감상한 내용을 자유롭게 다양한 방법으로 표현하고 싶어.

 영화에 나오는 인물의 성격이나 행동, 줄거리를 내 경험과 비교해서 재미있는 영화 감상문을 쓸 거야.

 독서 감상문과 비슷한 형식으로 쓸 거야. 독서 감상문을 읽고 책을 읽고 싶은 마음이 생기는 것처럼 내가 쓴 영화 감상문을 읽고 영화가 보고 싶은 마음이 들었으면 좋겠어.

 영화에 등장하는 사건이나 인물의 성격·행동을 자신의 경험과 비교하면 여러 가지 생각이나 느낌이 떠올라요. 떠오른 생각이나 느낌을 시나 그림, 만화 등의 영화 감상문으로 다양하게 표현하는 연습을 해 봐요.

### 연습하기

**1** 다음 자료를 보고, 다양한 형식의 영화 감상문을 써 보세요.

---

### 제목: 스쿨 오브 락

**등장인물**
1. 듀이 핀: 록 밴드의 리더였으나 초등학교에 교사로 사기 취업함. 아이들을 가르치면서 점차 성장
2. 써머: 학급 반장으로 똑똑한 아이, 밴드 매니저 역할을 맡게 됨
3. 잭 무니햄: 교육열이 강한 집안에서 태어난 조용하고 소극적인 아이. 밴드에서 기타를 맡으면서…….

---

**줄거리**

록 밴드 리더 자리에서 쫓겨난 듀이 핀은 돈이 없어서 월세까지 내지 못하는 상황에 처한다. 우연히 친구 교사 네드의 목소리를 흉내 내서 명문 초등학교에 사기 취업하게 된 듀이. 여기서 만난 학생들과 록 밴드를 결성하면서 벌어지는 여러 가지 사건을 그린 영화이다.

**내 경험**

1. 선생님께서 리코더를 잘 불려면 자신이 좋아하는 곡으로 꾸준히 연습하라고 말씀하셨다. 그 말을 듣고 몇 주간 내가 좋아하는 '인생의 회전목마'만 리코더로 연주했다. 그때 내 리코더 실력이 확 느는 것을 느꼈다.
2. 핼러윈 데이 때 지금까지 본 적 없는 특이한 복장으로 학교에 갔다.

〈시〉

특급 비밀 프로젝트!
선생님이 교실에 들어 온 순간
시작된 록(Rock)!

하나의 역할이
누군가에게 주어지고,
최선을 다해 연주한다.

자신이 좋아하는 일을
한다는 건 얼마나 행복한 일일까?
이를 위해서 필요한 건 노력!

〈만화〉

듀이는 학생들에게 재미있고,
신나는 일을 할 수 있는 기회를 줬어.
너는 그런 특별한 일을
경험한 적 있니?

잠깐만!! 말풍선에 어울리는 말을 채워 주세요.

[1~5] 자신이 재미있게 봤던 영화의 감상문을 다양한 방식으로 써 보세요.

**1** 재미있게 봤던 영화를 떠올려 보세요.

| 영화 제목 | |
|---|---|

**2** 쓰고 싶은 영화 감상문의 형식을 다음에서 골라 ○표 해 보세요.

| 상장 인터뷰 만화 그림 시 이야기 편지<br>그 외 (                    ) |
|---|

**3** 감상문에 쓰고 싶은 내용을 자유롭게 떠올려 보세요.

| 줄거리, 등장인물, |
|---|

**4** 위에 자유롭게 적은 내용을 토대로 영화 감상문의 개요를 작성해 보세요.

| 감상문 제목 | |
|---|---|
| 줄거리 | |
| | |
| | |
| | |

잠깐만!! 영화 감상문의 형식에 맞게 개요를 작성해 보세요.

**5** 앞의 개요를 바탕으로 영화 감상문을 써 보세요.

제목: ----------------------------------------------------------------

잠깐만!! 쓰고 싶은 형식이 그림이나 만화일 수도 있기 때문에 여기는 빈칸 밑줄을 넣지 않았습니다.

# 05 상상을 이야기로 표현하기

 **알아 두기** 이야기는 실제 세계를 바탕으로 만들어요. 거기에 자신의 상상을 덧붙여서 멋진 이야기가 탄생하는 거죠. 이처럼 이야기는 경험과 상상의 세계가 혼합되어 있어요. 5단계에서 자신의 경험을 바탕으로 이야기를 창조했다면 6단계에서는 상상의 세계를 기초로 이야기를 만들어 봐요. 내가 상상한 세계에서 어떤 일이 펼쳐질지 자유롭게 생각하고, 재미있는 글쓰기 연습을 해 봐요.

**연습하기**

**1** 〈보기〉를 보고, 빈칸에 상상한 이야기를 짧게 적어 써 보세요.

**평소 자신이 상상한 내용을 브레인스토밍하여 자유롭게 적어 보세요.**

> 투명 인간이 된 나, 영화배우가 된 나, 먹어도 살이 찌지 않음, 에어컨이 없는 세계

**상상한 내용 중 이야기로 표현하고 싶은 내용을 마인드맵으로 구성해 보세요.**

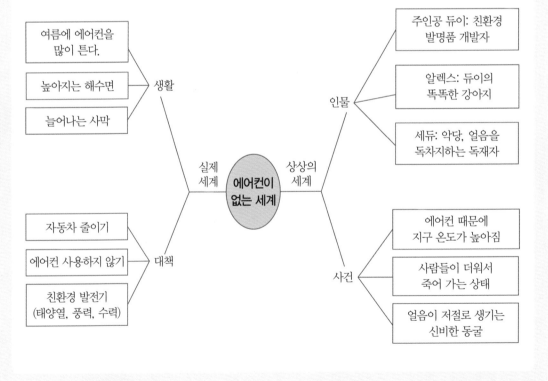

**잠깐만!!** 등장인물의 성격이나 말과 행동, 사건 등을 구체적으로 적을수록 더 좋은 이야기를 쓸 수 있어요.

# 에어컨이 없는 세계

오늘도 더위와의 전쟁이 시작되었다. 찌는 듯한 태양. 도저히 막을 방법이 없는 더위 때문에 듀이는 지쳐 가고 있었다.

"알렉스, 덥지? 너도 축 늘어졌구나."

"멍멍!"

듀이의 강아지 알렉스는 털 때문에 더 더워 보였다. 2124년 7월. 세계는 40도가 넘는 폭염 속에 지쳐 갔다. 8월에는 50도에 가까운 초고열 속에 살아야 하기 때문에 인간은 땅속 깊은 곳으로 굴을 파고 들어갔다. 에어컨? 모든 것은 에어컨 탓이었다.

2050년 이후 세계 평균 기온은 매년 1도씩 높아졌고, 공기가 점점 뜨거워짐에 따라 세계 곳곳에서 에어컨을 더 많이 틀기 시작했다. 실외기에서 나오는 뜨거운 바람은 지구의 온도를 높였고, 그에 따라 해수면은 점점 상승하여 인간이 살 땅은 좁아졌다. 그리고 한국, 일본, 중국과 미국의 영토가 50% 이상 바다로 잠겼다. 지구는 우리가 알던 지구가 아니었다. 70%의 해수면이 아니라 90%가 바다로 이루어진 행성. 그것이 바로 지구였다.

사람들도 많이 줄어서, 현재 세계 인구는 1억 명이 조금 넘는다. 많다고? 2023년 80억 명을 돌파했던 지구 인구가 80분의 1로 줄어든 것이다. 물론 세계의 과학 문명은 더욱 발달했지만 더위 때문에 기계는 점차 설 자리를 잃어 갔다. 지구의 온도를 높일 위험이 있었기 때문에 기계를 쓰는 사람은 점차 악마처럼 취급받았다.

하지만 모든 것이 사라진 것은 아니었다. 동력을 사용하지 않는 새로운 발명품이 점차 개발되었다. 2100년, 사람들이 소통할 수 있는 친환경 인터넷이 개발되었다. 이것은 미세입자를 활용한 놀라운 발명품이었고, 이를 통해 세계 사람들은 여전히 가깝게 지낼 수 있었다.

**1** 평소 자신이 바라거나 상상한 일을 빈칸에 자유롭게 적어 보세요.

**2** 상상한 내용 중 이야기로 표현하고 싶은 내용을 골라 ◯표 해 보세요.

**3** 아래 표에 자신이 상상한 내용을 간단히 정리해 보세요.

| 제목 | |
|---|---|
| 등장인물 및 인물의 성격 | |
| | |
| | |
| 주요 사건 | |
| 그 외 | |

**4** 앞의 내용을 바탕으로 자신이 상상한 이야기의 한 부분을 써 보세요.

잠깐만!! 이야기의 발단, 전개, 절정, 결말 어느 부분을 써도 괜찮아요.
자신이 쓰고 싶은 부분을 적어 주세요.

# 장르 및 목적에 따라 글쓰기 (2)

'열거하기, 비교·대조하기, 순서대로 쓰기, 전체와 부분으로 쓰기' 등의 틀에 맞춰 설명하는 글을 쓰는 연습을 해 봐요. 또, 설명하는 글의 일종인 '기사문'과 '전기문' 각각의 특징을 살려 써 보는 경험을 가져요.

서론·본론·결론이라는 '설득하는 글의 형식'을 다시 한번 복습하고, 정형화된 논설문을 쓰는 연습을 해 봐요. 또, 내용의 타당성과 표현의 적절성을 살펴서 소비자를 '설득'하는 광고도 만들어 봐요.

**알아 두기** 설명하는 글을 쓸 때 '열거하기, 비교·대조하기, 순서대로 쓰기, 전체와 부분으로 쓰기' 등의 다양한 틀을 다시 한번 떠올려 봐요. 자신이 설명하고 싶은 대상의 특징에 따라 틀을 바꾸어 가며 간단한 글을 쓰는 써 봐요.

**연습하기**

〈열거하기〉

**[1~2] 슈퍼 마리오의 특징에 대해 설명하는 글을 써 보세요.**

**1** 다음 '열거하기' 틀의 빈칸에 알맞은 말을 넣어 보세요.

슈퍼 마리오: 전 세계적인 인기를 끄는 닌텐도 게임 시리즈 가운데 하나

| | |
|---|---|
| 1 | 주인공: 빨간 멜빵바지를 입고, 콧수염을 기른 배관공 마리오 |
| 2 | |
| 3 | |

**잠깐만!!** 슈퍼 마리오에 대해 잘 모른다면 인터넷 검색을 통해 그 특징을 채워 보세요.

**2** 위에 정리한 내용을 바탕으로 빈칸을 채워 글을 완성해 보세요.

　'슈퍼 마리오'는 1985년 닌텐도에서 제작한 게임으로 현재 전 세계적인 인기를 얻고 있는 시리즈물이다. 슈퍼 마리오는 이미 게임이나 애니메이션, 영화로도 제작되어 다양한 영역에서 활약하고 있다. 여기에는 빨간 멜빵바지를 입고, 콧수염을 기른 배관공 마리오가 주인공으로 등장한다. 또, ----------------------------------------------------------------

----------------------------------------------------------------

----------------------------------------------------------------

----------------------------------------------------------------

〈비교 · 대조하기〉

**[3~4] 코카콜라와 펩시를 비교 · 대조하는 글을 써 보세요.**

**3** 다음 '비교·대조하기' 틀의 빈칸에 알맞은 말을 넣어 보세요.

| | 코카콜라 | 펩시 |
|---|---|---|
| 공통점 | • 음료 회사로 두 회사 모두 '콜라'를 개발했다.<br>• -------------------------------------------------------------------- | |
| 차이점 | • 빨간색을 활용하여 콜라를 홍보한다.<br>• 1886년 존 펨버턴이 개발<br>• --------------------------------<br>• --------------------------------<br>• -------------------------------- | • 파란색을 활용하여 콜라를 홍보한다.<br>• 1898년 칼렙 브래드햄이 개발<br>• --------------------------------<br>• --------------------------------<br>• -------------------------------- |

잠깐만!! 코카콜라와 펩시에 대해 잘 모른다면 인터넷에서 두 회사를 비교한 글을 찾아보세요.

**4** 위에 정리한 내용을 바탕으로 빈칸을 채워 글을 완성해 보세요.

코카콜라와 펩시는 100년이 넘게 이어져 오고 있는 회사로 모두 '콜라'를 판매한다는 공통점이 있다.

--------------------------------------------------------------------

--------------------------------------------------------------------

--------------------------------------------------------------------

하지만 코카콜라가 빨간색을 사용하여 음료를 홍보하는 반면에 펩시는 파란색을 활용하여 콜라를 광고한다.

--------------------------------------------------------------------

--------------------------------------------------------------------

--------------------------------------------------------------------

〈순서대로 쓰기〉

**[5~6] 찬반 토론하는 방법에 대해 설명하는 글을 써 보세요.**

**5** 다음 '순서대로 쓰기' 틀의 빈칸에 알맞은 말을 넣어 보세요.

| ① 토론 준비하기 | ② 토론하기 | ③ 정리하기 |
|---|---|---|
| • 토론 문제 확인하기<br>• 토론 역할 정하기<br>•<br>•<br>• | • 자신의 생각을 효과적으로 나타낼 수 있는 낱말이나 표현 정하기<br>• | •<br>• |

**6** 위에 정리한 내용을 바탕으로 빈칸을 채워 글을 완성해 보세요.

　　찬반 토론은 '어떤 문제에 대한 의견을 찬성과 반대로 나누어 자신의 생각을 말하거나 상대방의 의견을 듣는 자리'라고 할 수 있다. 찬반 토론은 '토론 준비하기 → 토론하기 → 정리하기'의 순서로 이루어진다. 토론 준비하기에서는 _____

_____

_____

_____

_____

_____

_____

_____

**〈전체와 부분으로 쓰기〉**

**[7~8] 포켓몬스터를 전체와 부분으로 설명하는 글을 써 보세요.**

**7** 다음 '전체와 부분' 틀의 빈칸에 알맞은 말을 넣어 보세요.

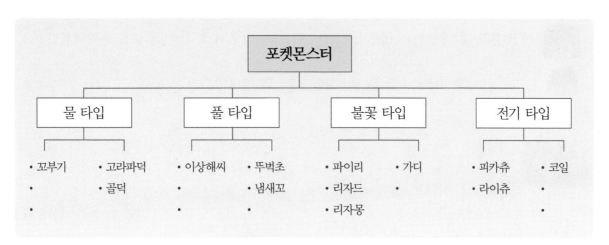

잠깐만!! 포켓몬스터에 대해 잘 모른다면 인터넷 검색을 통해 그 종류를 채워 보세요.

**8** 위에 정리한 내용을 바탕으로 빈칸을 채워 글을 완성해 보세요.

'포켓몬스터'는 1996년 게임으로 처음 등장했다. 이후 〈포켓몬스터〉 시리즈는 애니메이션의 성공으로 영화나 만화, 또 다른 게임에서 세계적인 흥행을 거두었다. 〈포켓몬스터〉 시리즈에는 다양한 타입의 포켓몬이 등장하는데 여기서는 물, 풀, 불꽃, 전기와 관련된 캐릭터를 몇 마리 소개하려고 한다.

# 02 기사문 쓰기

 기사문은 사실을 기반으로 분명하고 간결하게 써야 해. 그래야 사람들이 읽고 쉽게 이해할 수 있어.

 기사문에 어려운 어휘가 나오면 사람들이 쉽게 이해하지 못하니까 쉬운 말로 바꿔서 쓰면 좋을 것 같아.

 기사문에 그림이나 표, 사진 등을 배치하면 더 좋은 기사문이 될 거야.

 기사문은 '사실을 보고 들은 대로 적은 글'이기 때문에 육하원칙에 맞춰 써야 한다는 것을 5단계에서 배웠어요. 여기서는 더 나아가 표현의 적절성과 내용의 타당성을 따져 기사문을 적는 방법을 생각해 봐요. 기사문은 독자층이 다양하기 때문에 누구나 이해할 수 있는 표현을 사용하고, 되도록 자신의 생각을 적지 않아요. 또, 기사의 근거를 사실에 기반하여 쓴다면 더 좋은 기사문이 될 수 있어요. 기사문의 특성을 지켜서 기사문 쓰는 연습을 해 봐요.

**연습하기**  [1~3] 다음 기사문을 읽고, 물음에 답해 보세요.

## 러시아의 우크라이나 침공
### – 2022년 2월 24일 푸틴이 우크라이나 공격을 개시하다

 우크라이나 시각으로 2022년 2월 24일 새벽 4시 50분경 러시아가 우크라이나를 침공하면서 러시아–우크라이나 전쟁이 발발하였습니다.
러시아 대통령 블라디미르 푸틴은 이 공습이 우크라이나에 대한 침공이 아니라고 말했습니다. 우크라이나 돈바스 지역 주민을 보호하기 위한 단순한 군사 작전이라는 것입니다. 하지만 우크라이나 젤렌스키 대통령은 러시아가 탱크를 타고 국경선을 침범한 것은 분명한 전쟁 선포이고, 우크라이나 침략이라고 발표하였습니다.
단순히 생각해 보면 푸틴은 독재자이자 전쟁광입니다. 자신의 권력 유지를 위해 우크라이나와 전쟁을 일으켜서 자신의 인기를 높이겠다는 계산입니다. 푸틴은 말 그대로 자신의 안위만 생각하는 기회주의자입니다.
이 전쟁은 우리나라에 큰 위협이 될 수 있습니다. 우크라이나와 러시아가 우리나라와 맞닿아 있기 때문입니다. 우크라이나는 세계 1위 밀 생산국으로 오랜 기간 전쟁이 지속된다면 우리나라 국민들은 물 걱정에 시달릴 것입니다. 또, 전쟁이 격화되어 세계 전쟁으로 확대될 경우 우크라이나로 우리나라 군인을 파병해야 하는 상황이 올지도 모릅니다.

**1** 기사문을 읽고, 육하원칙에 따라 정리해 보세요.

| 누가 | |
|------|--|
| 언제 | |
| 어디서 | |
| 무엇을 | |
| 어떻게 | |
| 왜 | |

잠깐만!! '왜'에는 '어떻게' 된 이유를 써요.

**2** 기사문에서 사실이 아닌 내용을 찾아 밑줄을 긋고, 올바른 정보로 교정해 주세요.

**3** 기사문의 내용으로 적절하지 않은 부분(기자의 생각·의견)을 찾아 밑줄을 긋고, 〈보기〉를 참고하여 기사문을 수정해 주세요.

보기

푸틴: 2024년 대통령 선거 재도전, 종신 집권을 하기 위해서는 러시아 국민들의 압도적인 지지 필요. 이를 위해 전쟁을 일으켰을 것이라는 전문가의 진단이 있음

**4** 〈보기〉를 참고하여 기사문의 표제와 부제를 완성하고, 빈칸에 알맞은 기사문을 작성해 보세요.

- **계획하기: 기사문으로 작성하고 싶은 '주제'를 찾고, 그 출처를 적어 보세요.**

| 기사문 주제 | 세상에서 가장 더러운 방 선발 대회 |
|---|---|
| 출처 | https://www.mirror.co.uk/news/uk-news/girl-8-crowned-uks-messiest-25529131 |

> **하나 더!**
> 기사문은 사람들에게 중요하거나 흥미로운 사건을 위주로 작성해요.
> 그리고 기사문을 쓸 때 참고하는 출처를 명확히 밝혀요.

- **개요 짜기: 기사문으로 작성하고 싶은 내용을 육하원칙 개요에 맞게 적어 보세요.**

| 누가 | 영국의 한 침대 업체(Happy Beds)가 |
|---|---|
| 언제 | 2021년 |
| 어디서 | 침대 업체의 인터넷 사이트에서 |
| 무엇을 | 영국에서 가장 지저분한 침실을 찾기 위한 대회를 |
| 어떻게 | 진행하여 1등으로 뽑힌 아이에게 400파운드가 넘는 새 침대를 선물함 |
| 왜 | 회사의 침대를 홍보하기 위해, 어린이용 침대 제품을 소개하기 위해 |

- **추가: 위에 적은 내용 외에 기사문에 포함하고 싶은 내용을 적어 주세요.**

| 추가하고 싶은 내용 | 1등 에밀리의 방 사진과 아빠의 인터뷰<br>SNS에서 이 대회를 비난하는 목소리(부모 잘못이 크다, 부끄러운 줄 알아야 한다, 침대를 얻으려고 일부러 더럽힌 것 같다 등) |
|---|---|
| 자료 | ▲ 1등 에밀리의 방 모습    ▲ 1등을 하지 못한 엠마의 방 모습 |

- **글쓰기**

표제: [                                                        ]

부제: [                                                        ]

2021년 영국의 침대 업체 Happy Beds는 홈페이지에서 '영국에서 가장 지저분한 침실을 찾기 위한 대회'를 열었습니다. 회사는 이 대회를 진행해서, 1등으로 뽑힌 아이에게 400파운드가 넘는 새 침대를 선물하기로 했습니다. 회사 홈페이지에는 100개가 넘는 사진이 올라왔으며, 그중 글래스고 출신의 8세 에밀리가 영국에서 가장 지저분한 어린이 침실 찾기 대회 우승자로 선정되었습니다.

이 대회는 사실 Happy Beds 어린이용 침대 제품을 소개하기 위한 광고를 목적으로 열렸습니다. 하지만 _____

_____

_____

_____

_____

**5** 아래 질문을 읽고, 위에 쓴 기사문의 타당성을 판단해 보세요.

❶ 기사문의 주제가 사람들에게 중요하거나 흥미로운 사건입니까?

❷ 기사문을 간결하고 쉽게 썼습니까?

❸ 사실을 기반으로 썼습니까?

❹ 자료의 출처가 나와 있습니까?

❺ 그림이나 사진, 표 등의 배치가 적절합니까?

**직접 써 보기**

**1** 기사문으로 작성하고 싶은 '주제'를 찾고, 그 자료의 출처를 적어 보세요.

| | |
|---|---|
| 기사문 주제 | |
| 출처 | |

**2** 기사문으로 작성하고 싶은 내용을 육하원칙 개요에 맞게 적어 보세요.

| | |
|---|---|
| 누가 | |
| 언제 | |
| 어디서 | |
| 무엇을 | |
| 어떻게 | |
| 왜 | |

**3** 위에 적은 내용 외에 기사문에 포함하고 싶은 내용(글, 사진, 그림 등)을 적어 주세요.

| | |
|---|---|
| 추가하고 싶은 내용 | |
| 자료 | |

**4** 앞에 정리한 내용을 바탕으로 알맞은 기사문을 작성해 보세요.

표제: 

부제: 

〈사진이나 그림을 넣어 주세요.〉

**5** 아래 질문을 읽고, 위에 쓴 기사문의 타당성을 판단해 보세요.

❶ 기사문의 주제가 사람들에게 중요하거나 흥미로운 사건입니까?

❷ 기사문을 간결하고 쉽게 썼습니까?

❸ 사실을 기반으로 썼습니까?

❹ 자료의 출처가 나와 있습니까?

❺ 그림이나 사진, 표 등의 배치가 적절합니까?

# 03 전기문 쓰기

알아 두기 전기문은 '실존했던 인물의 생애나 업적을 조사하여 사실을 기록한 글'이에요. 이처럼 전기문은 '설명하는 글'의 특성을 가지고 있어요. 그리고 전기문은 독자에게 인물이 추구했던 가치를 전해야 하기 때문에 사실의 기록이기는 하지만 문학적인 특징도 가지고 있지요. 이 단원에서는 인물의 삶을 시대 순에 따라 조사하고, 인물이 어떤 업적을 이루었는지 알아보는 활동을 해 봐요. 그리고 인물의 삶을 통해 인물이 추구하는 가치를 찾고, 독자에게 이를 감동적으로 전달하는 연습을 해 봐요.

연습하기 [1~4] 다음 조사 내용을 보고, 물음에 답하세요.

## '소'를 그린 화가 이중섭의 생애

| 시기 | 한 일(특징) |
|---|---|
| 1916년 9월 16일 | 평안남도 평원군에서 2남 1녀 중 막내로 태어남<br>(상당한 부잣집에서 태어나 어린 시절 불편함이 없었음) |
| 1931년 | 오산고등보통학교에 다니던 시절 '임용련'에게 미술 지도를 받음. "조선 사람은 조선화풍으로 그려야 한다."라는 말에 많은 감명을 받음(이중섭이 한국적인 미를 추구한 것도 이와 관계가 깊다는 말이 있음) |
| 1936~1941년 | 일본 '제국미술학교 서양학과'로 유학을 감. 하지만 학교를 중퇴하고, 문화학원에 입학(이 학교는 일본 최초로 남녀평등교육을 실시한 학교로 유명, 1941년 졸업) |
| 1945년 5월 20일 | ㉠ |
| 1950년 | 6·25 전쟁 때 흥남 철수로 가족과 부산으로 피난 옴. 가진 것을 모두 잃고, 알거지가 됨(이때부터 이중섭이 가난해짐) |
| 1951년 | 제주도로 이주하여 서귀포에 네 식구가 방 한 칸에서 생활함. 제주도에서 생계를 이어 가기 어렵자 12월 다시 부산으로 돌아옴(가난과 추위로 힘든 생활이 계속됨) |
| 1952~1953년 | ㉡ |
| 1953~1955년 | 가족을 다시 만나기 위해 열심히 그림을 그림(하지만 가난이 해결되지 않음. 담뱃갑에 들어 있던 은박지에까지 그림을 그림) |
| 1956년 9월 6일 | 계속된 건강 악화로 서울적십자병원에서 39세의 나이로 요절. 망우리 공원 묘지에 안장 |

**1** '이중섭'을 조사해서 ㉠과 ㉡의 시기에 알맞은 이중섭의 삶을 적어 주세요.

| | |
|---|---|
| ㉠ | |
| ㉡ | |

잠깐만!! 인터넷 검색이나 이중섭 관련 책, 전문가 인터뷰 등을 통해 인물의 생애를 조사할 수 있어요.

**2** 조사한 내용을 보고, 이중섭이 삶에서 중요하게 생각했던 낱말에 모두 ○표 해 주세요.

| 가족 | 사랑 | 그림 | 배려 | 평등 | 간절함 | 아름다움 |
|---|---|---|---|---|---|---|
| 아픔 | 가난 | 어려움 | 용기 | 존중 | 도전 | 감사 |

**하나 더!**
전기문 속 인물은 삶에서 다양한 가치를 중시해요.

**3** 위의 낱말에 ○표를 한 까닭은 무엇인지, 〈보기〉처럼 적어 보세요.

**보기**

| 가난 | 이중섭은 가난 때문에 가족을 잃었습니다. |
|---|---|

| | |
|---|---|
| | |
| | |

**4** '이중섭'을 대상으로 전기문을 쓴다면 독자에게 어떤 교훈을 주고 싶은지 적어 보세요.

03. 전기문 쓰기 **133**

**5** 〈보기〉를 참고하여 빈칸에 인물이 추구하는 가치를 적어 보세요.

• **계획하기: 전기문으로 쓰고 싶은 '이중섭 삶'의 한 부분과 그 이유를 적어 보세요.**

| 삶의 한 부분 | 1953~1955년, 가족을 다시 만나기 위해 끊임없이 그림을 그리던 시기 |
|---|---|
| 이유 | 이중섭이 가족을 사랑하는 마음이 절절하게 느껴진다. 그가 예술을 향한 혼을 불태우던 시기 |

• **조사하기: 이중섭이 그 시기에 무엇을 했는지 조사해 보세요.**

| 이 시기 이중섭의 삶 | 일본에서 귀국 후, 부산·대구·통영·진주·서울 등을 떠돌며 생활. 부두에서 막노동을 하면서 창작에 매달림<br>1955년 친구의 도움으로 처음이자 마지막 전시회를 미도파 백화점에서 개최. 전시회의 성공으로 많은 그림을 팔지만 구매한 사람들이 돈을 제대로 지불하지 않자 절망에 빠짐 |
|---|---|
| 이 시기 업적 | ▲ 1953년 황소　　▲ 1954년 흰 소<br>• 막노동을 하면서 담뱃갑에 들어 있는 은박지에 그림을 그림(나중에 이 작품이 뉴욕 현대미술관에 전시되기도 함) |
| 이중섭의 마음 | • 가족을 제대로 부양하지 못한다는 생각에 자괴감에 빠짐<br>• 생활고 때문에 몸에 점점 이상이 생김. 절망을 느낌 |

• **인물이 추구하는 가치: 이중섭이 삶에서 추구하는 가치는 무엇인지 간단히 적어 보세요.**

> 가족을 사랑하는 마음, 가족을 다시 만나겠다는 의지, 끊임없는 가족애, 가족을 위해서 무엇이든 하겠다는 눈물겨운 가족 사랑

# 절망 속에서 가족을 향한 아름다운 외침!

1953년, 이중섭은 한국에 다시 돌아왔다. 일본에서 일주일간 가족을 만나고 돌아오는 길이었지만 가족을 향한 그리움이 울컥 올라왔다.

'해내야만 한다. 가족과 다시 만나기 위해, 그리고 가족에게 따뜻한 밥 한 끼를 먹일 수 있도록. 무엇이든 하자. 가족을 위해서 처절하게 노력해 보자.'

이중섭은 마음속으로 굳은 결심을 했다. 극심한 생활고로 밥은 챙겨 먹지 못해도 그림만은 놓지 않았다. 그림이 성공하기만 한다면 가족을 품을 수 있기 때문이다. 부산·대구·통영·진주·서울 어느 한 곳에도 정착하지 못했지만 끊임없이 그림을 그렸다. 심지어 부두 막노동을 하면서 담뱃갑 안에 든 은박지에 그림을 그리기도 했다.

저녁 무렵 지는 해를 바라보면서 그는 부인과 아이들이 보고 싶은 마음에 사무쳤고, 그때 옆에 있던 소가 구슬프게 울었다. 그는 그 소울음소리가 묘하게 자신의 마음을 알아준다는 생각이 들었다. 그때부터였을까? 그가 한참 소만 그린 것이……. 1953년 황소와 1954년 흰 소 그림은 그의 대표작이라고 해도 과언이 아니다.

▲ 1953년 황소

▲ 1954년 흰 소

1955년 이중섭은 친구들의 도움으로 자신의 인생, 처음이자 마지막으로 전시회를 열었다. 그는 미도파 백화점에서 열린 전시회를 성황리에 마쳤고, 그림도 많이 팔았다. 하지만 구매한 사람들이 제대로 돈을 지불하지 않았고 이중섭은 다시 생활고에 시달리기 시작했다.

**[1~4] 소개하고 싶은 인물을 찾아 전기문을 작성해 보세요.**

**1** 전기문으로 쓰고 싶은 인물과 시기, 그리고 쓰고 싶은 이유를 적어 보세요.

| 인물과 표현하고<br>싶은 시기 | |
| --- | --- |
| 쓰고 싶은 이유 | |

**2** 인물의 삶과 업적을 조사하고, 그의 마음이 어땠을지 상상해 보세요.

| 인물의 삶 | |
| --- | --- |
| 인물의 업적 | |
| 인물의 마음 | |

잠깐만!! 인물 전체의 삶을 조사하는 것이 아니라
인물의 삶 중 자신이 쓰고 싶은 부분에 대해서 자세히 조사하고 정리해 봐요.

**3** 인물이 삶에서 추구하는 가치는 무엇인지 간단히 적어 보세요.

| |
| --- |

**4** 앞에 정리한 내용을 바탕으로 전기문을 작성해 보세요.

제목:

# 04 | 짜임에 맞는 글쓰기

| 서론 | • 독자가 글을 읽기 시작하는 단계<br>- 독자가 내용을 흥미롭거나 재미있다고 생각해야 함<br>- 문제 상황이나 주장할 내용을 색다른 방식으로 제시 |
|---|---|
| 본론 | • 근거를 제시하는 단계<br>- 대개 서너 개의 근거로 이루어짐<br>- 사례, 사실이나 통계, 인용 등을 활용해서 근거를 뒷받침함<br>- 문단 구성의 원리 활용(예시, 비유, 전체와 부분, 원인과 결과, 문제와 해결, 다음에 이어질 내용 쓰기 등) |
| 결론 | • 글의 내용을 한 번 더 강조하는 단계<br>- 글에서 제시하고자 하는 메시지가 무엇인지 명료하게 표현<br>- 독자의 마음에 남을 수 있는 표현 생각하기 |

**알아 두기**   논설문(설득하는 글)의 짜임에 대해서는 5단계에서 알아봤어요. 여기서는 논설문의 짜임 '서론-본론-결론'의 형태를 다시 한번 복습해요. 그리고 나서 자신이 내세우고 싶은 주장을 선택하고, 거기에 알맞은 근거와 신뢰할 수 있는 자료를 찾아서 논설문을 쓰는 연습을 해 봐요.

> 우리 모두가 매일 자는 '잠'을 주제로 하여 독자의 흥미를 유발. 또, 질문으로 글을 시작해서 독자에게 내용을 색다른 방식으로 제시

## 규칙적인 잠을 자자!

**(서론)**

어제 잠은 잘 주무셨나요? 형식적인 인사 같지만 "아, 어제 잘 못 잤어.", "어제 진짜 꿀잠 잤어."와 같은 대답을 누구나 한 번쯤은 해 봤을 것입니다. 잠은 우리 인생의 3분의 1을 차지하는 인간의 중요한 일과 중 하나입니다. 잠을 잘 자는 것을 인간의 복 중 하나로 치는 사람도 많습니다.

초등학생부터 고등학생까지는 보통 9시간 이상 잠을 자야 하지만 그렇게 하지 못하는 학생이 많습니다. 잠의 효과는 무시한 채, 스마트폰을 하거나 TV를 봅니다. 또, 시험 기간에 벼락치기를 하느라 못 자는 경우도 있습니다. 이렇게 잠을 제대로 자지 못한다면 어떤 부정적인 영향이 있을까요?

> 글을 읽을 사람과 연관된 경험을 서술함으로써 글에 대한 흥미를 높임

| 연령 | 수면 권장 시간 |
|---|---|
| 신생아(0~3개월) | 권장 14~17시간 |
| 영아(4~11개월) | 권장 12~15시간 |
| 유아(1~2세) | 권장 11~14시간 |
| 미취학 연령 아동(3~5세) | 권장 10~13시간 |
| 취학 연령 아동(6~13세) | 권장 9~11시간 |
| 10대 청소년(14~17세) | 권장 8~10시간 |
| 18세 이상 | 권장 7시간 이상 |

근거를 뒷받침하는 자료로 '표'를 제시함. 전문적인 기관이 조사한 내용을 제시하여 글의 타당성과 신뢰도를 높임

출처: 미국 국립 수면 재단(National Sleep Foundation: NSF) 발표

주장에 대한 서너 개의 근거를 제시함으로써 독자가 글의 내용을 신뢰할 수 있게 만듦

(본론)

첫째, 잠이 부족하면 감염 위험이 높아집니다. 수면과 면역은 상관관계가 높기 때문에 잠이 부족하면 신체 면역력도 떨어집니다. 그러므로 감기나 몸살 등 자잘한 병을 달고 사는 사람은 잠을 충분히 자지 못하는 것이 원인일 수 있습니다.

둘째, 잠을 제대로 못 자면 기억력이 떨어집니다. 수면은 뇌에 정보를 복원할 수 있는 힘을 줍니다. 수면은 단기 기억 창고에 있는 기억을 장기 기억 창고로 옮깁니다. 수면을 하지 못하면 그 전환이 제대로 이루어지지 않기 때문에 기억력이 감퇴합니다.

수면을 충분히 한 사람은 그렇지 않은 사람보다 학습에 유리합니다. 잠은 새로운 학습을 준비하기 위해서 머릿속을 정리합니다. 뇌가 지저분한 사람보다 깔끔히 정리되어 있는 사람이 머릿속에 내용을 쉽게 입력합니다. 그러므로 벼락치기가 단기적으로는 성적을 끌어올릴 수 있지만 장기적으로는 잠을 충분히 자면서 공부하는 것이 학습에 효과적입니다.

문단 구성의 원리(원인과 결과)를 활용하여 글을 연결함

마지막으로 잠을 제대로 자지 못하면 살찔 위험이 높아집니다. 수면은 식욕을 조절하는 호르몬의 분비를 원활하게 도와줍니다. 하지만 피로하면 그러한 호르몬의 분비가 제대로 이루어지지 않고, 스트레스가 증가하기 때문에 짜고 단 음식에 대한 욕구가 커집니다. 이뿐만 아니라 살이 찌면 찐 살 때문에 수면장애가 더 심해지고, 잠을 더 못 자는 악순환이 발생합니다.

자신의 주장을 한 번 더 강조하여 독자의 머릿속에 주장을 각인

(결론)

이처럼 잠은 사람의 생에서 중요한 역할을 합니다. 규칙적인 시각에 잠을 자려고 노력하는 것이 처음에는 힘들지 모르지만 시간이 흐를수록 몸에 좋은 영향을 끼칩니다. 현재 잠은 제대로 된 대접을 받지 못하고 있습니다. 스마트폰의 영향력이 증대돼서 많은 사람이 잠자는 시간이 아깝다고 생각하는 경향도 한몫하는 것 같습니다. 그러나 자신이 자신을 통제하기 위해서 잠은 필수입니다. 인간다운 인간이 될 수 있는 '잠'을 소중히 여기고 매일 규칙적으로 잠을 청합시다.

독자의 마음에 남을 수 있는 강렬한 표현 넣기

잠깐만!! 설득하는 글이므로 자신의 생각과 다른 내용이 들어갈 수도 있어요. 수용적인 태도로 글을 읽어요.

[1~5] 자기 주장을 담은 논설문을 써 보세요.

**1** 논설문으로 쓰고 싶은 '주장'을 〈보기〉와 같이 정해 보세요.

| 보기 | |
|---|---|
| 봉사하는 삶을 살자. | |

잠깐만!! 우리가 관심을 가질 수 있는 주제인지, 해결 방법을 찾을 수 있는지 등을 고려해서 주장을 정하세요.

**2** '서론'에 대한 개요를 〈보기〉처럼 작성하고 글을 써 보세요.

보기

| 서론 | 아프리카의 슈바이처 이태석 신부 |
|---|---|
| | 이태석 신부를 잊지 못하는 수단 사람들 |

'한센병'이라는 것을 아시나요? 한센병은 예전에 '나병, 문둥병'이라 불렸던 병으로 악화되면 사람의 몸이 썩어 문드러지는 지경에 이릅니다. 그래서 이 병에 걸리면 신의 저주를 받았다고까지 말합니다. 이태석 신부는 이러한 한센병이 도는 아프리카 수단에 홀로 가서 병실 열두 개짜리 병원을 짓고, 매일 200~300명의 환자를 돌보았습니다. 지금은 돌아가신 이태석 신부를 수단 사람들은 아직도 잊지 못합니다. 그를 떠올리며 눈물까지 흘리는 수단 사람들. 무엇이 아직도 그를 잊지 못하게 만든 걸까요?

| 서론 | |
|---|---|
| | |
| | |

**3** '본론'에 대한 개요를 〈보기〉처럼 작성하고 글을 써 보세요.

| 본론 | 근거 1. 봉사는 상대방의 입장을 배려하고 행동하는 마음이 담겨 있다. |
| | 근거 2. 봉사는 세상을 긍정적으로 바꿀 수 있다. |
| | 근거 3. 세상은 혼자서 살아갈 수 있는 곳이 아니다. |

<보기>

　이는 이태석 신부가 수단 사람들을 위해 봉사하는 마음을 가졌기 때문입니다. 누군가가 다른 사람을 위해 하는 봉사는 세상을 긍정적인 방향으로 움직입니다. 이 글에서는 우리가 봉사하는 마음을 가져야 하는 이유가 무엇인지 조금 더 자세히 알아보도록 하겠습니다.

　첫째, 봉사는 상대방의 입장을 배려하고 행동하는 마음이 담겨 있습니다. 상대방을 위해 아낌없이 줄 수 있는 태도가 봉사 속에 포함되어 있는 것입니다. 생각해 보십시오. 급식을 배식하는 아주머니께서 계시기에 우리가 편하게 밥을 먹을 수 있습니다. 환경 미화원이 있기에 우리가 좀 더 깨끗한 환경에서 생활할 수 있습니다. 누군가는 귀찮고 하기 싫지만 봉사하는 사람이 있기에 우리는 더 좋은 세상에서 살아갈 수 있습니다.

　둘째, 봉사는 세상을 긍정적으로 바꿉니다. 긍정적인 변화는 가만히 있는다고 생기지 않습니다. 이태석 신부가 수단에서 봉사하지 않았다면 어떤 일이 일어났을까요? 수단의 병자들은 병원에 가 보지도 못한 채, 비참하게 죽어 갔을 것입니다. 이태석 신부가 있었기에 아픈 사람 중에서도 완치된 사람이 존재합니다. 이태석 신부처럼 대단한 일이 아니더라도 세상 사람들은 작지만 소중한 봉사를 많이 합니다. 예를 들면, 아침 일찍 학교 앞에서 교통 봉사를 도와주는 아저씨, 아주머니께서 계십니다. 이분들이 있기에 학교 주변에서 발생하는 교통사고가 줄어듭니다. 녹색 어머니회와 같은 봉사 활동이 있기에 우리가 학교에 안전하게 등교할 수 있는 것입니다.

　셋째, 세계는 혼자서 살아갈 수 없습니다. 더불어 살아가야만 살 수 있는 공간이 바로 지구입니다. 지구촌에서 모두가 조금씩 양보하고, 다른 사람이 하기 싫은 일을 조금씩 나눠 맡는다면 우리는 더욱 평화롭게 살아갈 수 있습니다. 누가 전기를 생산하고, 누가 자동차를 만들고, 누가 과일을 키워서 마트에서 팔까요? 세상에는 누군가를 배려하고 봉사하는 사람이 있기에 우리가 이 땅에서 살아갈 수 있는 것입니다.

| 본론 | |
| --- | --- |
| | |
| | |
| | |

**4** '결론'에 대한 개요를 〈보기〉처럼 작성하고 글을 써 보세요.

| 결론 | "저는 당신이 할 수 없는 일을 할 수 있고 당신은 제가 할 수 없는 일을 할 수 있습니다. 그러므로 우리가 서로 힘을 합친다면 훌륭한 일들을 해낼 수 있을 것입니다." – 마더 테레사 |
| --- | --- |
| | 자신이 할 수 있는 작은 봉사 하나 생각하기 |

보기

"저는 당신이 할 수 없는 일을 할 수 있고 당신은 제가 할 수 없는 일을 할 수 있습니다. 그러므로 우리가 서로 힘을 합친다면 훌륭한 일들을 해낼 수 있을 것입니다." 마더 테레사가 한 말입니다. 테레사 수녀는 일평생을 봉사하며 살았습니다. 많은 사람이 테레사 수녀를 존경하는 이유가 무엇일까요? 그것은 사람마다 마음 깊은 곳에 '감사'라는 마음이 있기 때문일 것입니다. 당신 눈앞에 쓰레기 하나가 보이지 않나요? 귀찮다는 마음을 버리고 좀 더 몸을 움직여 보세요. 자신이 할 수 있는 자그마한 봉사 하나로 세상은 조금씩이지만 분명 변화할 것입니다.

| 결론 | |
| --- | --- |
| | |

--------------------------------------------------------
--------------------------------------------------------
--------------------------------------------------------
--------------------------------------------------------
--------------------------------------------------------
--------------------------------------------------------

**5** 앞에서 쓴 '설득하는 글'의 서론, 본론, 결론을 연결해서 읽어 보고, 고쳐야 할 점은 없는지 생각해 보세요.

**연습하기**

**1** 〈보기〉를 참고하여 빈칸에 결론을 써 보세요.

- **계획하기: 문제 상황을 떠올리고 그에 대한 자신의 주장을 적어 보세요.**

| 문제 상황 | 청소년에게 집중력 강화 음료라고 속여서 마약을 파는 집단 등장 |
|---|---|
| 주장 | 청소년 마약 범죄를 강력하게 처벌하자. |

- **내용 생성하기: 주장에 대한 근거로 생각나는 것을 빈칸에 자유롭게 떠올려 보세요.**

켄싱턴 좀비 거리, 마약은 중독 물질이므로 강력한 처벌 없이는 투여하는 사람이 계속 증가, 나이가 어릴수록 마약은 뇌에 치명적인 영향을 끼침, 뇌의 보상 체계가 고장 나면 평생 고통받음, 마약은 끊을 수 없기에 마약이라고 불림, 뇌질환으로 발전, 한 번 시작하면 돌이킬 수 없음

- **내용 조직하기: 위의 내용을 토대로 개요를 작성해 보세요.**

| 서론 | • 집중력을 강화할 수 있다고 학생들에게 마약이 든 음료를 나눠 준 일당이 잡히는 사건 발생<br>• 대한민국은 더 이상 마약 청정국이 아님. 마약을 하는 사람이 매년 늘어나고 있음 |
|---|---|
| 본론 | • 마약은 끊을 수 없기에 '마약(痲藥)'이다.<br>• 마약은 뇌의 보상 체계를 망가뜨린다(뇌질환으로 발전). |
| 결론 | • 켄싱턴의 좀비 거리를 대한민국에서 보게 될까?<br>• 마약은 한 번 시작하면 돌이킬 수 없다. |

- **자료 수집: 논설문에 들어갈 근거에 대한 알맞은 자료를 찾아보세요.**

| 근거에 알맞은 자료(그림, 사진, 표 등) | 1. 경찰청 마약 관련 통계 자료 검색<br>2. 뉴스 관련 자료 검색<br>   〈경찰청, 2022년 '연령별 마약 사범' 표 활용〉 |
|---|---|

**잠깐만!!** 근거에 대한 알맞은 자료는 출처가 믿을 만한 곳이어야 하고, 되도록 다양한 자료를 활용하는 것이 좋습니다.

# 청소년 마약 범죄를 강력하게 처벌하자

얼마 전, 서울 강남 대치동 학원가 앞에서 집중력을 강화할 수 있다며 마약이 든 음료수를 학생들에게 나눠 주는 사건이 발생했다. 이 음료에는 한 병당 필로폰 3회 투약 분량이 들어 있던 것으로 확인되었다. 값싼 마약이 등장하면서 한국으로 들어오는 마약이 매년 늘고 있다. 또, 청소년에게 마약을 유통시키는 수법 또한 교묘해지고 있다. 청소년 마약 범죄를 강력히 처벌하지 않으면 이제 마약은 우리 사회 속으로 점점 파고들 것이다. 청소년 마약 범죄를 강력하게 처벌해야 하는 이유를 알아보자.

**〈표〉 연령별 마약 사범**

단위: 명

| | |
|---|---|
| 10대 | 294 |
| 20대 | 4,203 |
| 30대 | 2,817 |
| 40대 | 1,764 |
| 50대 | 1,352 |
| 60세 이상 | 1,829 |

출처: 경찰청, 2022.

첫째, 마약은 한 번 시작하면 끊을 수 없다. 마약은 끊을 수 없기에 '마약(痲藥)'이다. '마약, 한 번쯤은 괜찮겠지?'는 안일한 생각이다. 민감한 청소년 시기에 마약 범죄에 노출된다면 그 한 번의 경험 때문에 평생을 망칠 수 있다.

둘째, 마약은 뇌의 보상 체계를 망가뜨린다. 인간은 새롭거나 자극적인 것을 보면 뇌에 많은 도파민이 발생한다. 이를 보상(reward)이라고 하는데 마약은 자극 없이 뇌가 도파민을 끊임없이 분비하게 만든다. 마약에 중독되면 뇌의 보상 체계는 망가지고, 뇌가 망가진 사람은 더 큰 쾌락을 얻기 위해서 마약을 끊을 수 없다. 특히 어린 시절 마약을 접하면 뇌의 보상 체계에 치명적인 악영향을 끼치고, 심지어 뇌 질환까지 발생할 수 있다.

**직접 써 보기** [1~5] 알맞은 자료를 활용하여 논설문을 작성해 보세요.

**1** 문제 상황을 떠올리고 그에 대한 자신의 주장을 적어 보세요.

| 문제 상황 | |
|---|---|
| 주장 | |

**2** 주장에 대한 근거로 생각나는 것을 빈칸에 자유롭게 떠올려 보세요.

**3** 위의 내용을 토대로 개요를 작성해 보세요.

| 서론 | |
|---|---|
| 본론 | |
| 결론 | |

**4** 논설문에 들어갈 근거에 대한 알맞은 자료를 찾아보세요.

| 근거에 알맞은 자료<br>(그림, 사진, 표 등) | |
|---|---|

**5** 앞에 정리한 내용을 토대로 논설문을 작성해 보세요.

제목: _____

_____

_____

_____

_____

_____

_____

_____

_____

_____

_____

_____

_____

# 06 광고 쓰기

광고란 '상품이나 서비스에 대한 정보를 여러 가지 매체를 통하여 소비자에게 널리 알리는 의도적인 활동'으로 기업에서 상품을 팔기 위해 소비자를 '설득하기 위한 자료'라고 할 수 있어요. 광고는 소비자가 신뢰할 수 있는 내용을 바탕으로 완성하는 것이 중요해요. 여기서는 내용의 타당성과 표현의 적절성을 살펴보면서 올바른 광고를 작성하는 연습을 해 봐요.

**연습하기**  [1~2] 내용의 타당성과 표현의 적절성을 살펴서 광고를 만들어 보세요.

**1** 〈보기〉를 참고하여 광고의 제목과 콘티 속 대사를 써 보세요.

**• 계획하기: 광고하고자 하는 내용과 선정 이유를 적어 보세요.**

| 광고할 내용 | 참치 마요네즈 삼각 김밥 |
|---|---|
| 선정 이유 | 라면과 함께 먹으면 제일 맛있는 참치 마요네즈 삼각 김밥을 널리 알리고 싶다. |

**잠깐만!!** '어떠한 생각을 선전하거나 공공의 이익을 도모하기 위한 내용'으로 광고를 만들어도 괜찮아요.

**• 내용 생성하기: 광고에 어울리는 낱말이나 문구, 광고 장면을 자유롭게 떠올려 보세요.**

| 어울리는 낱말이나 문구 | 최강, 맛집, 라면과의 궁합, 삼각 김밥 하면 뭐다? |
|---|---|
| 광고 장면 | 한 사람이 삼각 김밥을 세심하게 뜯고 있는 장면, 완벽한 모양의 삼각 김밥, 삼각 김밥을 베어 먹고 라면 국물을 마시는 장면, '최고의 삼각 김밥'이라고 외침 |

**• 내용 조직하기: 떠올린 내용을 토대로 광고 콘티를 작성해 보세요.**

| ① 한 사람이 라면에 뜨거운 물을 담고, 다양한 삼각 김밥을 보며 고민하는 장면 | ② 자연스럽게 '참치 마요네즈 삼각 김밥'을 고르는 사람. 완벽한 모양의 삼각 김밥 그림 |
|---|---|
| ③ 맛있게 삼각 김밥을 베어 물고, 라면 국물을 벌컥벌컥 마시는 장면 | ④ '참치 마요네즈 삼각 김밥'이 클로즈업되고, 사람들의 눈이 반짝임 |

\* 콘티: 영화나 텔레비전 드라마의 촬영을 위하여 각본을 바탕으로 필요한 모든 사항을 기록한 것

• 글쓰기

광고 제목:

2 위의 광고를 보며 다음 물음에 답해 보세요.

❶ 광고 내용을 그대로 믿으면 어떤 문제점이 생길까요?

❷ 광고에서 비판적으로 봐야 할 장면은 무엇일까요?

❸ 광고에서 과장하거나 감추는 내용이 있나요?

❹ 광고의 내용이 타당한지, 적절한 표현을 썼는지 확인해 보세요.

**하나 더!**
광고는 상품을 팔기 위해 기업에서 만든 글이에요.
그러므로 허위나 과장 광고를 하고 있지는 않는지 비판적으로 내용을 살펴봐요.

**1** 내용의 타당성과 표현의 적절성을 생각해서 광고의 콘티를 완성해 보세요.

**❶** 광고하고자 하는 내용과 선정 이유의 빈칸을 채워 보세요.

| 광고할 내용 | _____, 모두가 조심합시다. |
|---|---|
| 선정 이유 | 아파트에서 이슈가 되는 문제, _____을 해결할 수 있는 방법을 모두에게 알려 주고 싶다. |

**❷** 광고에 어울리는 낱말이나 문구, 광고 장면을 자유롭게 떠올려 빈칸을 채워 보세요.

| 어울리는 낱말이나 문구 | 조금씩만 _____ 하면 _____ 을 해결할 수 있어요! |
|---|---|
| 광고 장면 | 1. _____ 방지패드<br>2. _____ 가 있는 집은 층간 소음 방지 매트 설치<br>3. 늦은 밤이나 새벽에 청소기나 _____ 사용하지 않기<br>4. _____ 은 처벌받을 수 있음 |

**❸** 떠올린 내용을 토대로 광고 콘티를 작성해 보세요.

| ① | ② |
|---|---|
| | |
| ③ | ④ |
| | |

**2** 내용의 타당성과 표현의 적절성을 생각해서 나만의 광고 콘티를 작성해 보세요.

❶ 광고하고자 하는 내용과 선정 이유를 적어 보세요.

| | |
|---|---|
| **광고할 내용** | |
| **선정 이유** | |

❷ 광고에 어울리는 낱말이나 문구, 광고 장면을 자유롭게 떠올려 보세요.

| | |
|---|---|
| **어울리는 낱말이나 문구** | |
| **광고 장면** | |

❸ 떠올린 내용을 토대로 광고 콘티를 작성해 보세요.

| ① | ② |
|---|---|
| ③ | ④ |

**잠깐만!!** 광고 내용에 과장하거나 감추는 내용이 있는지 확인해 보세요.
'최고, 무조건, 100%' 등과 같은 과장된 표현을 사용하지는 않았는지 알아보세요.

# 여러 가지 글 익히기

- 브레인스토밍, 마인드맵, 개요 짜기를 글쓰기와 연관 지어 실제적인 연습을 해요.
- 〈이상한 나라의 도로시〉라는 글을 읽고 독서 감상문을 직접 써 봐요.
- 교과서 글쓰기에서는 각 교과에서 강조하고 있는 실제적인 쓰기를 연습해 볼 거예요. 수학은 풀이 과정을 직접 써 보고, 과학은 과학적 개념을 주변의 여러 가지 사실과 연관 지어서 글을 써 봐요.

이러한 과정을 통해 '실제적인 글'을 완성하는 기본적인 방법을 배워요.

**연습하기** [1~3] 〈보기〉처럼 글을 쓰기 전에 브레인스토밍하는 연습을 해 보세요.

'법원에서 하는 일'에 대한 글을 쓰려고 해요. 법원에 대해 이미 알고 있는 내용과 쓰고 싶은 내용을 다음 표에 적어 보세요.

| 이미 알고 있는 내용 | 판결, 판사, 검사, 변호사, 경찰, 사회 질서 유지, 갈등 조정, 나쁜 사람 처벌, 행정부와 국회에서 분리 |
|---|---|
| 쓰고 싶은 내용 | 공정한 재판을 위한 제도 |

사진과 그림을 보고 '공정한 재판'과 관련해서 떠오르는 생각을 아래 네모 칸에 모두 적어 보세요.

▲ 법원

▲ 재판 현장

보기

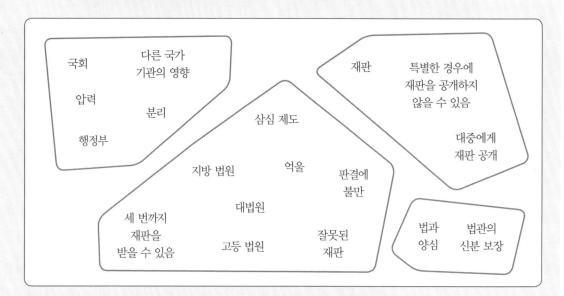

위에 브레인스토밍한 내용 중 비슷한 느낌의 낱말을 선으로 묶어 보세요.

**1** '행정부에서 하는 일'에 대한 글을 쓰려고 해요. 행정부에 대해 이미 알고 있는 내용과 쓰고 싶은 내용을 다음 표에 적어 보세요.

| 이미 알고 있는 내용 | |
|---|---|
| 쓰고 싶은 내용 | |

**2** 행정부 조직도를 보고, 쓰고 싶은 내용과 관련해서 떠오르는 생각을 모두 적어 보세요.

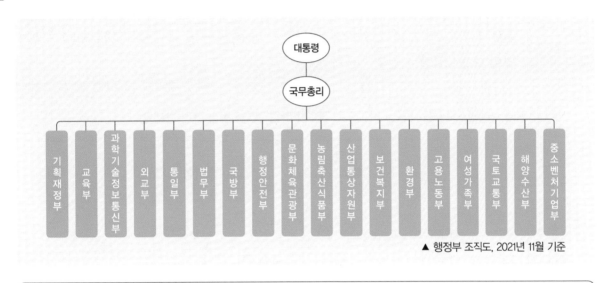

▲ 행정부 조직도, 2021년 11월 기준

**3** 위에 브레인스토밍한 내용 중 비슷한 느낌의 낱말을 선으로 묶어 보세요.

# 02 마인드맵

**연습하기** [1~3] 〈보기〉처럼 여러 가지 모양의 마인드맵을 그리고, 이를 바탕으로 글을 보세요.

**'경공업과 중화학 공업' 하면 떠오르는 생각을 아래 칸에 브레인스토밍해 보세요.**

산업 구조 변화, 1960년대, 1970년대, 정부 주도, 경제 개발 계획, 5년 단위, 건설, 무게가 적게 나가는 물건, 생산물, 일손 필요, 기술과 자본 발전, 인건비 낮음, 가발, 신발, 섬유, 노동력, 일손, 철강, 조선, 석유 화학, 원료 수입, 제품 수출, 항구 중심(포항, 울산), 무게가 많이 나가는 물건, 자본과 기술력 성장

**위에 브레인스토밍한 내용을 바탕으로 적절한 마인드맵을 직접 그려 보세요.**

보기

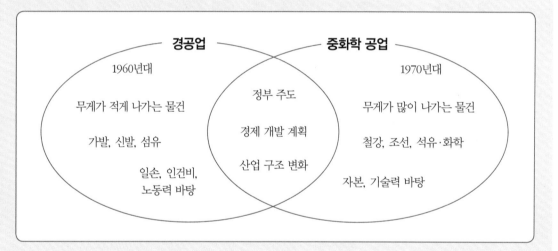

**위의 마인드맵을 바탕으로 글을 작성해 보세요.**

1960년대에는 농업 중심 산업에서 무게가 적게 나가는 물건을 생산하는 경공업 중심의 산업으로 변화가 이루어졌습니다. 값싼 인건비와 풍부한 노동력을 바탕으로 가발, 신발, 섬유 등의 제조가 이루어졌습니다. 1970년대에는 무게가 많이 나가는 상품을 생산하는 중공업과 기술이 필요한 화학 공업으로 산업 구조가 변화하였습니다. 자본과 기술력이 필요한 철강, 조선, 석유·화학 등의 산업이 발전하였으며, 제품 수출과 원료 수입에 유리한 항구 도시가 크게 발달하였습니다.

**1** '첨단 산업과 서비스업'에 대한 글을 쓰려고 해요. '첨단 산업과 서비스업' 하면 떠오르는 생각을 아래 칸에 브레인스토밍해 보세요.

**2** 위에 브레인스토밍한 내용을 바탕으로 적절한 마인드맵을 직접 그려 보세요.

잠깐만!! 지금까지 배운 여러 가지 마인드맵 틀(열거하기, 순서대로 쓰기, 전체와 부분, 비교와 대조 등)을 활용하여 브레인스토밍한 내용을 정리하기에 적합한 마인드맵을 선택해서 그려 보세요.

**3** 위의 마인드맵을 바탕으로 글을 작성해 보세요.

개요 짜기

**연습하기** [1~2] 자신의 생각을 자유롭게 펼친 마인드맵을 보고, 직접 개요와 글을 써 보세요.

〈유럽과 아프리카에 관한 마인드맵〉

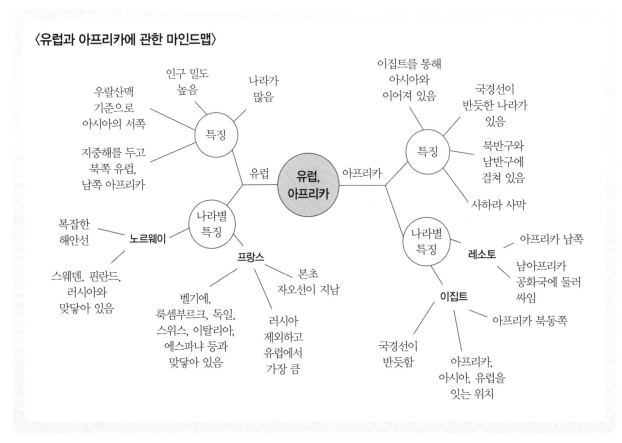

\* 본초 자오선: 지구의 경도를 결정하는 데 기준이 되는 자오선

**1** 앞에 그린 마인드맵 내용을 바탕으로 자신이 쓰고 싶은 글의 개요를 작성해 보세요.

| | |
|---|---|
| | |
| | |
| | |
| | |

**2** 개요를 바탕으로 글을 작성해 보세요.

**직접 써 보기** [1~6] 다음 이야기를 읽고, 앞에서 배운 내용(브레인스토밍, 마인드맵, 개요 짜기)을 토대로 독서 감상문을 완성해 보세요.

# 이상한 나라의 도로시

최승한

"우당탕탕탕!"

시끄러운 소리와 함께 도로시는 침대에서 굴러떨어졌다.

"에휴, 얘가 또 떨어졌구나. 잠 좀 조용히 자면 어디 덧나니? 꿈나라에서 어디를 또 다녀오길래, 침대에서까지 떨어지니?"
"아~함~. 엄마는 아침부터 왜 뭐라고 그래? 오늘은 너무너무 멋진 왕궁에서 동물들과 함께 신나는 춤을 췄단 말이야. 한참 즐거웠는데……."
"아, 그러셨어요? 그만 꿈 깨고 빨리 씻으세요."

엄마는 도로시를 한심스러운 듯 쳐다봤다. 도로시는 입을 크게 벌려 하품을 하고, 화장실로 들어갔다. 칫솔에 치약을 듬뿍 발라 칫솔질을 하는 둥 마는 둥 하고, 손에는 한 움큼 물을 쥐고 얼굴에 닿을 듯 말 듯 발랐다. 도로시는 깨끗하게 씻었다고 생각했지만 이빨은 왼쪽 부분만, 얼굴은 오른쪽 부분만 깨끗해졌다. 화장실에서 나와 크게 기지개를 켜자 도로시의 마음만은 완전히 개운해졌다.
하늘은 파랗고, 하늘 아래 나무 잎사귀들이 조금씩 나기 시작했다. 풀은 이미 푸르게 목장을 감싸고 있었고, 큼지막한 통나무집 한 채가 도로시의 바로 뒤에 서 있었다. 오늘도 저 푸른 잔디밭 위에서 한참 뒹굴 생각을 하니 도로시 가슴이 기쁨으로 가득 찼다. 그때 집 안쪽에서 아빠가 도로시를 불렀다.

"도로시! 어디 있니? 오늘은 아빠하고 목장 청소를 하기로 했지. 어서 옷 입고 같이 나가자꾸나."

아빠의 목소리를 듣자마자 도로시는 기쁜 마음이 번쩍! 일하기 싫은 마음으로 바뀌었다. 아빠가 도로시를 발견하기 전에 얼른 몸을 숙이고 문 뒤에 감쪽같이 숨었다.

"아니, 금방 여기 있었는데 얘가 또 어딜 간 거야? 도로시! 도로시!"

도로시는 밥 먹으라는 소리도 무시하고, 집 앞 잔디밭에서 뒹굴기 시작했다. 그런 작은 행동 하나에 도로시는 온 세상을 다 가진 듯한 기분이 들었다. 온 풀밭을 누볐다. 저기 앞에 보이는 개천이 도로시의 마음을 흔들어 주었다. 나무에 가득 찬 푸른 잎들이 바람에 하늘하늘거리고 있었고, 개천 옆에 난 기다란 갈대숲은 엄마, 아빠의 눈에서 도로시를 숨을 수 있게 만들어 주었다. 개울을 따라 길게 떨어져 있는 큰 돌들을 다리 삼아 건너자 조그마한 물고기 떼가 돌 먼 쪽으로 얼른 달아났다. 도로시는 돌 한쪽을 밟고 다음 돌로 살짝 뛰어 건너려 했고, 돌 사이에 숨어 있던 오리 한 마리가 깜짝 놀라 발길질을 후다닥 하며 멀어졌다. 이 모든 살아 있는 아름다움에 도로시는 마음껏 취했다.

"도~~~로~~~시! 도~~~로~~~시!"

멀리서 도로시를 부르는 소리가 메아리처럼 들려왔다. '도로시'의 '시'에서 사납게 올라가는 억양으로 볼 때 엄마는 잔뜩 화난 게 분명했다. 얼른 돌아가지 않으면 분명히 엄마의 화내는 소리를 귀 가까이에서 실컷 들어야 할 것이다. 도로시는 그런 것에 전혀 신경 쓰지 않고 그저 돌계단을 건너기 위해 한 번 더 발걸음을 옮겼다. 엄마 말은 듣지도 않고 자유롭게 놀고 있는 자신이 자못 자랑스러워 키득키득 웃음이 났다. 도로시는 원하는 대로, 뜻대로 하는 것이 그렇게 행복할 수 없었다.

"여보, 도로시 얘 좀 어떻게 해야 하지 않을까요? 이제 말 안 듣는 것이 습관처럼 되어 버렸어요!"
"음, 어제 같이 목장을 청소하겠다고 굳게 약속을 해서 철썩 같이 믿고 있었는데……."
"그것 봐요. 얘가 이제 우리 말은 전혀 들을 생각도 하지 않는다니까요."
"그러게. 요즘 들어 더 심해졌다는 생각이 드는군. 저렇게 말썽을 부리면 누가 좋다고 하겠소?"
"내 말이 그 말이에요. 저렇게 청개구리같이 굴다간 아마 다들 도로시를 싫어하게 될 거예요. 당신도 가만히 있지만 말고 도로시가 들어오면 꼭 야단 좀 치세요."
"알겠소. 당신 말을 듣고 보니 그게 맞소. 꼭 그렇게 하겠소."

도로시는 그런 줄도 모르고 온몸이 물방울에 휩싸인 채 기진맥진해서 집으로 돌아왔다. 깨끗했던 원피스는 얼마나 뒹굴었는지 물과 흙이 이곳저곳 묻어 있어서, 손으로 꾹 짜면 구정물이 흐를 정도였다. 엄마가 새로 빨아 준 신발은 개천에서 한 번 더 빨았는지 잔뜩 젖어 있었다. 무엇을 했는지 모르겠지만 도로시의 모습은 엄마를 더 화나게 만들기에 충분했다.

"도로시! 넌 어떻게 된 애가 이렇게밖에 못하니?"

도로시가 엄마 말에 눈 하나 꿈쩍 않고 가만히 서 있자 엄마는 더욱 화가 났다.

"아니, 얘가! 여보! 얘 하는 것 좀 봐요. 이대로 뒀다가는 나중에 더 큰일이 나겠어요!"
"도로시, 엄마가 걱정하는 것 들리지? 그리고 오늘 아빠랑 목장 청소하기로 약속했잖니? 네가 약속한 걸 지키지 않으니까 엄마가 얼마나 실망했겠어?"

도로시는 자신이 무엇을 잘못했다는 건지 전혀 알 수가 없었다. 목장을 청소하기로 약속하기는 했지만 그저 건성으로 대답했을 뿐이다. 목장 청소는 지겹고 힘들었다. 예쁜 꽃들과 넓게 펼쳐진 풀숲, 졸졸졸 생기를 내며 흐르는 시냇물, 땅 위를 천천히 걸어 다니는 개미들, 실컷 뛰어다니는 메뚜기와 개구리, 물속의 송사리 떼까지 즐거운 것들이 주변에 훨씬 많이 있었다. 도로시는 자신이 왜 아침부터 힘들게 목장 일을 해야 하는 건지 전혀 이해할 수 없었다.

"약속은 했지만 꼭 지키지 않아도 돼. 난 원래 그런 아이인 걸!"

도로시의 말에 엄마, 아빠 모두 다 눈을 동그랗게 뜨고, 벌어진 입을 다물지 못했다. 아빠는 도로시에게 무슨 말을 해야 할지 한동안 망설였고 엄마는 도로시에 대한 걱정 때문에 갑자기 눈물이 쏟아졌다.

"아이고, 아이고, 얘가 어떻게 된 거니? 이렇게 널 키운 적이 없는데…….. 도로시 널 어떻게 하면 좋겠니? 그냥 누가 널 확 데리고 가 버렸으면 좋겠다!"

엄마는 마음에도 없는 말을 있는 대로 내뱉었다. 화가 난 도로시도 똑같이 엄마에게 대꾸했다.

"됐어! 엄마만 그런 게 아니라 나도 집에서 멀리 떠나고 싶어!"

아빠도 그 말에 화가 나 외쳤다.

"화가 난다고 그렇게 말하면 어떡하니? 도로시가 진짜 집을 나가 봐야 정신을 차리겠구나!"
"나는 진짜 나갈 수 있어! 내가 못 할 줄 알아?"

티격태격하는 목소리와 함께 서로의 마음도 멀어졌다. 서로의 마음에 분노만 가득 차자 멀리에서 알 수 없는 선선한 바람이 불어왔다.

'여기에 계속 있고 싶니?'

바람이 마법의 주문을 외듯 도로시에게 물었다. 도로시는 알 수 없는 힘을 느끼며 고개를 도리질 쳤다.

'여기서 벗어나고 싶니?'

바람이 마법의 주문을 외듯 도로시에게 물었다. 도로시는 알 수 없는 힘을 느끼며 고개를 끄덕였다.

'네 소원대로 멀리 떠나자.'

도로시 몸 주변이 완전히 바람으로 휩싸였다. 엄마, 아빠는 갑작스레 일어난 일에 눈이 휘둥그레졌다. 불어오는 바람이 도로시와 엄마, 아빠의 눈에 뚜렷하게 보였다. 청명한 녹색 빛을 띤 바람이 도로시의 몸을 하늘 높이 띄웠다. 그와 함께 도로시의 발이 공중에 떠올랐고 깜짝 놀란 엄마와 아빠는 도로시의 발을 한쪽씩 잡았다.

"가란다고 진짜 가면 어떡하니?"

엄마가 놀라서 소리쳤다. 하지만 부드러운 바람이 엄마와 아빠가 잡은 팔을 가볍게 풀어서 떨어뜨렸다. 도로시가 점점 하늘로 풍선처럼 날아가는 모습에 엄마와 아빠는 잔뜩 당황했다. 몸이 하늘로 처음으로 떠올라 본 도로시가 가장 놀랐다. 도로시는 갑작스러운 이 상황이 무서웠다.

"엄마, 아빠! 나 어떡해!"

당황한 도로시는 화가 났던 것도 금방 잊고 부모님에게 도와달라고 소리쳤다.
하지만 바람은 주저하지 않았다. 바람은 더욱 빛났고, 더 세찬 바람이 도로시를 엄마, 아빠의 눈에서 작은 점으로 만들어 버렸다.
도로시가 하늘 가까이 다가가자 녹색 빛의 신비로운 바람을 느낀 새들이 도로시 곁으로 잔뜩 날아왔다. 도로시는 부모님과 다퉜던 일도, 몸이 떠올라 두렵다는 생각도 이미 잊었다.

"우아, 이 애 좀 봐. 날아다니네!"
"그래. 예전엔 여러 아이가 함께 날아다녔던 적이 많은 것 같은데……. 이제는 하도 오래돼서 기억도 안 난다."
"그랬던가? 나도 하도 오래전 일이라 가물가물해."

"얘, 너는 어쩌다 이렇게 날게 됐니?"

날개를 활짝 핀 오리 한 마리가 도로시의 눈을 똑바로 쳐다보며 묻자 새가 말할 수 있다는 것에 깜짝 놀란 도로시는 아무 말도 할 수가 없었다. 그러자 다른 새 한 마리가 도로시를 쳐다보며 말했다.

"아, 너 윈디한테 불려 왔구나?"
"윈디?"
"그래! 혹시 바람이 불어오기 전에 어떤 목소리 못 들었니?"
"모르겠어. 들은 것 같기도 하고, 너무 갑작스러운 일이라서 무슨 일이 일어나는지 정신이 하나도 없었어."

도로시는 새들과 편안하게 이야기하고 있는 자신의 모습이 신기하게 느껴졌다. 몸이 너무 높이 떠올라 땅 아래쪽이 하나도 보이지 않게 되자 도로시는 무서운 마음마저 완전히 사라졌다. 새들은 날개를 활짝 펴서 바람을 타고 도로시와 함께 즐겁게 이야기를 나누었다. 무리 지어 날아가고 있는 오리들에게 물어보니 여름을 맞아 휴가를 떠나는 중이라고 했다.

"우리가 가는 곳은 따뜻하고, 청명하고, 아름답고, 시원하고! 가 보면 정말 놀랄 수밖에 없는 곳이야!"
"정말? 나도 가 보고 싶네."
"윈디가 분명히 도로시를 그리로 데려가는 중일 거야. 윈디도 거기에 살고 있거든. 윈디는 좋은 친구니까 도로시를 도와주려는 게 분명해."

바람이 계속해서 선선하게 불어왔고, 안락한 구름 하나가 뒤따라 와 이불을 만들어 주었다. 점차 밤이 다가왔고 새들도 쉬려는 듯 도로시에게 인사를 하고 땅 밑으로 내려갔다. 도로시는 뿌연 하늘에 제대로 보이지 않던 끝없는 별들과 평소보다 훨씬 밝은 달을 보며 평화로운 마음을 느꼈다.

물론 마음 깊은 곳에는 부모님에 대한 걱정이 있었지만 새로운 세상에 대한 호기심이 그런 마음을 누그러뜨려 주었다. 도로시는 하얀 솜처럼 따뜻한 구름 이불의 포근함을 느끼며 그대로 잠이 들었다.

**1** 〈이상한 나라의 도로시〉를 읽고 떠오르는 생각을 자유롭게 브레인스토밍해 보세요.

**2** 글에서 인상 깊은 부분과 그 이유를 〈보기〉처럼 적어 보세요.

| 인상 깊은 부분 | 도로시가 바람을 타고 하늘을 나는 장면 |
|---|---|
| 이유 | 도로시가 하늘을 날며 새들과 이야기하고, 구름을 이불로 덮는 장면이 신기했기 때문이다. |

| 인상 깊은 부분 | |
|---|---|
| 이유 | |

**3** 〈이상한 나라의 도로시〉에 나오는 도로시의 성격은 어떤지 생각해 보고, 그렇게 생각한 까닭을 〈보기〉처럼 적어 보세요.

| 도로시의 성격 | 활기차고, 겁이 없습니다. |
|---|---|
| 그렇게 생각한 까닭 | 혼자 놀아도 즐겁습니다. 높은 하늘을 날지만 무서워하지 않습니다. |

| 도로시의 성격 | |
|---|---|
| 그렇게 생각한 까닭 | |

**하나 더!**
독서 감상문을 쓸 때는 인상 깊은 부분과 인물의 성격, 그렇게 생각한 까닭 등을 구체적으로 적어 줘요.

**4** 작가가 '이상한 나라의 도로시'를 쓴 이유를 생각해 보고, 앞으로 이어질 이야기를 〈보기〉처럼 상상해 보세요.

| 보기 | | |
|---|---|---|
| | 작가가 이 글을 쓴 이유 | 환상적인 사건을 통해 독자에게 즐거움을 느끼게 하려고 이 글을 썼다. |
| | 이어질 이야기 | 〈이상한 나라의 앨리스〉와 〈오즈의 마법사(주인공: 도로시)〉를 합친 이야기가 전개될 것 같다. |

| 작가가 이 글을 쓴 이유 | |
|---|---|
| 이어질 이야기 | |

**5** 앞에 작성한 내용을 토대로 마인드맵을 완성해 보세요.

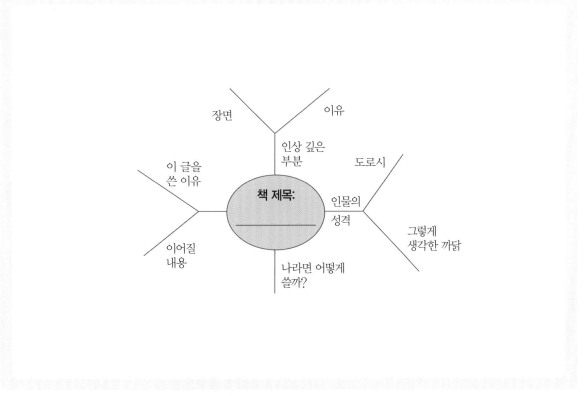

잠깐만!! 자신이라면 이 이야기를 어떻게 쓰고 싶은지 생각해 보세요(인물의 성격, 이야기 내용 등).

**6** 앞에 정리한 내용을 토대로 〈보기〉처럼 독서 감상문을 작성해 보세요.

〈보기〉

〈이상한 나라의 도로시〉는 숲속에서 부모님과 함께 살고 있는 도로시가 바람을 타고 이상한 나라에 가면서 펼쳐지는 이야기다. 어느 날, 잠에서 깬 도로시는 부모님 말씀을 듣지 않고 자기 멋대로 행동한다. 도로시의 부모님이 그러한 행동을 혼내자, 도로시는 집을 떠나겠다는 말을 함부로 내뱉는다. 그때 '윈디의 목소리'가 들리고, 윈디는 도로시에게 이곳을 떠나고 싶냐고 묻는다. 도로시가 "그래."라고 대답하자 그 순간 도로시는 바람을 타고 하늘로 날아간다.

이 이야기를 읽고, 가장 인상 깊었던 부분은 도로시가 바람을 타고, 하늘을 나는 장면이었다. 도로시가 하늘에서 새들과 이야기하고, 폭신한 구름 이불을 덮고 자는 장면이 신기하게 느껴졌기 때문이다. 또, 도로시가 높은 하늘 위를 날지만 무서워하지 않고, 활기차게 행동하는 모습에 나도 덩달아 신이 났다. 앞으로 도로시가 이상한 나라에서 어떤 일을 겪을지 무척 기대가 된다.

이 글의 작가는 도로시를 통해 환상적인 사건을 펼침으로써 독자에게 즐거움을 선사하고 있다. 제목이 〈이상한 나라의 도로시〉인데 〈이상한 나라의 앨리스〉와 〈오즈의 마법사(주인공 이름이 도로시)〉를 섞은 이야기가 펼쳐질 것 같다. 이상한 나라에서 두 이야기를 혼합한 재미있는 사건이 전개되면 글을 읽을 맛이 나지 않을까?

내가 작가라면, 도로시에게 흥미로운 친구를 붙여 줄 것 같다. 〈이상한 나라의 앨리스〉에 나오는 모자 장수나 〈오즈의 마법사〉에 등장하는 겁이 많은 사자를 친구로 설정해서 이야기를 진행한다면 훨씬 더 흥미진진한 이야기가 될 것이다.

앞으로 전개될 이야기가 무척 궁금하다. 작가가 어서 빨리 이 뒤의 이야기를 보여 주면 좋겠다. 내가 직접 뒷이야기를 써 볼까? 이상한 나라에서 도로시는 어떤 일을 겪고 있을까?

# 05 교과서 글쓰기 – ① 직육면체의 부피와 겉넓이(수학)

\* '부피와 겉넓이'의 사전적 의미

| 부피 | 입체가 차지하는 공간의 크기 |
| --- | --- |
| 겉넓이 | 물체 겉면의 넓이 |

| 넓이의 단위 | 부피의 단위 |
| --- | --- |
| 1cm<br>1cm   $1cm^2$ | 1cm<br>$1cm^3$<br>1cm   1cm |
| • 한 변이 길이가 1cm인 정사각형의 넓이를 1㎠라 쓰고, 1제곱센티미터라고 읽습니다.<br>• 사각형의 넓이=가로×세로 | • 한 모서리의 길이가 1cm인 정육면체의 부피를 1㎤라 쓰고, 1세제곱센티미터라고 읽습니다.<br>• 직육면체의 부피=가로×세로×높이=밑면×높이 |

 **알아 두기**

수학은 계산을 잘하는 것이 전부가 아니에요. 수학적 개념이나 의미를 알고, 그것을 활용해서 실생활에서 발생하는 문제를 해결하고, 그 해결 과정을 다른 사람이 이해하기 쉽게 설명할 수 있어야 해요. 단순히 어떤 문제를 푸는 것이 중요한 게 아니라 그 해결 방법을 수학적 용어를 사용해서 말하거나 쓸 수 있어야 한다는 것이죠. '직육면체의 부피와 겉넓이' 단원에 나오는 여러 가지 용어를 알고, 문제의 해결 방법을 설명하는 글을 쓰는 연습을 해 봐요.

**연습하기** [1~2] 다음 그림을 보고, 물음에 답하세요.

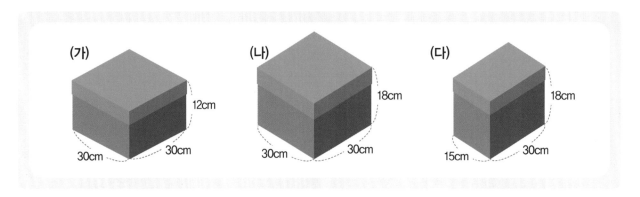

**1** 다음 중 세 상자의 크기를 비교하는 방법으로 적당한 것을 고르세요.

① 세 상자의 겉넓이를 계산한 후, 각 상자의 겉넓이 비교하기

② 상자 밑면의 가로와 세로, 높이를 각각 비교하기

③ 모양과 크기가 일정한 쌓기나무를 활용하여 상자의 크기 비교하기

④ 부피를 구하는 공식을 활용하여 상자의 크기 비교하기

**2** 위에서 선택한 방법으로 〈보기〉처럼 세 상자의 크기를 비교하는 글을 적어 보세요.

> **보기**
>
> 세 상자의 겉넓이를 계산하고, 각 상자의 겉넓이를 비교하면 세 상자의 크기를 견줄 수 있다. (가) 상자는 밑면의 넓이가 $900cm^2$($30×30$), 옆면의 넓이가 $360cm^2$($30×12$)이므로 (가) 상자의 겉넓이는 $3240cm^2$이다. (나) 상자는 밑면의 넓이가 $900cm^2$($30×30$), 옆면의 넓이가 $540cm^2$($30×18$)이므로 (나) 상자의 겉넓이는 $3960cm^2$이다. (다) 상자는 밑면의 넓이가 $450cm^2$($30×15$)이고, 옆면의 넓이가 각각 $540cm^2$($30×18$), $270cm^2$($15×18$)이므로 (다) 상자의 겉넓이는 $2520cm^2$이다. (나) 상자, (가) 상자, (다) 상자 순으로 겉넓이가 크다. 이와 마찬가지로 상자 크기도 (나), (가), (다)의 순이 될 것으로 예상한다.

**직접 써 보기** [1~3] 〈보기〉의 직육면체와 그 전개도를 보고, 직육면체의 겉넓이를 구하는 여러 가지 방법을 설명해 보세요.

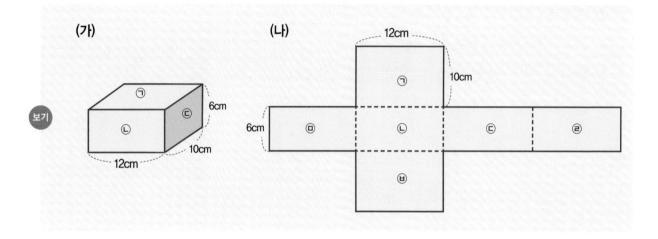

**1** 위 문제를 풀기 위해 '필요한 조건'을 마인드맵으로 완성해 보세요.

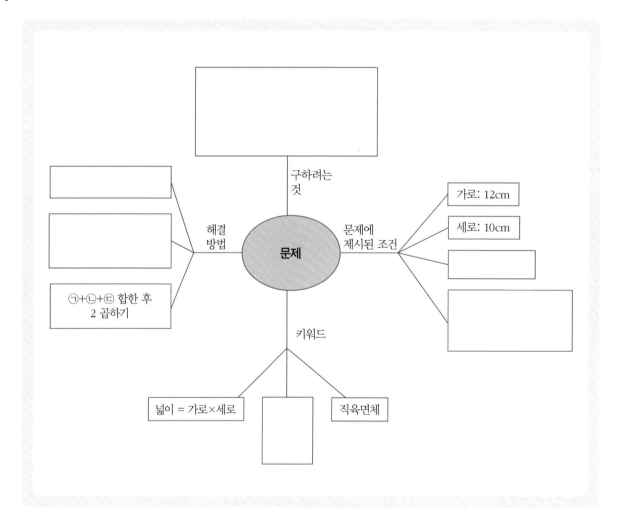

**2** 마인드맵을 토대로 아래 개요의 빈칸을 채워 보세요.

| 구하려는 것 | 직육면체의 [          ]를 구하는 여러 가지 방법 설명하기 |
|---|---|
| 제시된 조건 | 가로 12cm, 세로 10cm, 높이 [          ]<br><br>전개도에서 세 쌍의 면 각각이 [          ] |
| 해결 과정 | 1. 직육면체의 겉넓이를 구하려면 [                          ]의 넓이를 더해 줘야 합니다.<br><br>2. 직육면체에는 마주 보는 면이 [          ] 있습니다.<br><br>3. 마주 보는 면은 [          ]입니다.<br><br>4. 마주 보는 면을 활용하여 '㉠의 넓이×2'와 '㉡의 넓이×2', '㉢의 넓이×2'를 더해 줍니다.<br><br>5. [                          ]를 모두 합한 후, 그 합한 수에 [          ]를 해 주면 쉽게 겉넓이를 구할 수 있습니다. |

**3** 위 개요를 토대로 문제 풀이 과정의 빈칸을 작성해 보세요.

　직육면체의 겉넓이를 구하는 여러 가지 방법이 있습니다. 첫 번째 방법은 직육면체 모든 면의 넓이를 구한 후 더하는 방법입니다. 두 번째와 세 번째 방법은 직육면체의 성질을 활용하여 겉넓이를 구하는 것입니다. 직육면체는 서로 마주 보는 세 쌍의 면이 합동입니다. 두 번째 방법은 마주 보는 면을 활용하여 '㉠의 넓이×2'와 '㉡의 넓이×2', '㉢의 넓이×2'를 더해 주는 것입니다.

---------------------------------------------------------------

---------------------------------------------------------------

---------------------------------------------------------------

---------------------------------------------------------------

　세 번째 방법을 활용하여 문제를 풀면 {㉠(120cm²)＋㉡(72cm²)＋㉢(60cm²)}×2로 직육면체의 겉넓이가 504cm²라는 것을 알 수 있습니다.

**[4~6] 다음 문제의 풀이 과정을 써 보세요.**

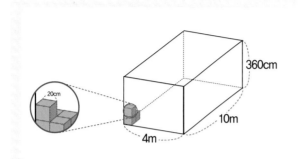

직육면체에 한 변의 길이가 20cm인 쌓기나무를 빈틈없이 쌓으려고 합니다. 쌓기나무를 최대 몇 개까지 쌓을 수 있을지 구해 보세요.

**4** 위 문제를 풀기 위해 '필요한 조건'을 바탕으로 마인드맵으로 완성해 보세요.

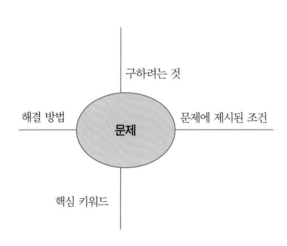

**5** 마인드맵을 토대로 아래 개요를 완성해 보세요.

| 구하려는 것 | |
|---|---|
| 제시된 조건 | |
| 해결 과정 | |

**6** 위 개요를 토대로 문제 풀이 과정을 아래에 작성해 보세요.

# 06 | 교과서 글쓰기 – ② 연소와 소화(과학)

 **알아 두기**
'교과 글쓰기'라는 큰 문턱을 넘기 위한 방법을 어느 정도 깨달았을 거라고 생각해요. 대부분의 교과서 글은 뭔가의 개념을 설명하고, 그 개념과 관련된 예를 제시해요(교과서 글의 대부분은 설명하는 글이에요). 마지막으로 과학 '연소와 소화' 단원에 나오는 여러 가지 개념을 이해하고, 그 개념을 설명할 수 있는 다양한 예를 써 봐요. 우리가 새롭게 알게 된 과학적 정보를 쉬운 어휘를 활용해서 다른 사람이 이해할 수 있는 글을 쓰는 연습을 해요.

---

**연습하기** [1~4] 〈보기〉처럼 제시된 낱말의 개념을 자신만의 용어를 사용하여 설명하는 글을 써 보세요.

**낱말 박스에 제시된 낱말을 바탕으로 '연소'의 개념을 마인드맵으로 분류해 보세요.**

연소, 연소가 일어나는 조건, 탈 물질, 발화점 이상의 온도, 산소

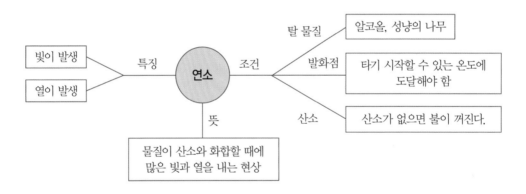

**보기**

**위에 정리한 내용을 글로 나타내 보세요.**

연소란 물질이 산소와 화합할 때에 빛과 열을 내는 현상입니다. 연소가 이루어지면 빛과 열이 발생하기 때문에 주위가 밝고 뜨거워집니다. 연소는 세 가지 조건을 갖추어야만 이루어집니다. 먼저 탈 물질과 발화점 이상의 온도가 있어야 합니다. 여기서 발화점이란 직접 불을 붙이지 않아도 물질이 탈 수 있는 온도를 말합니다. 마지막으로 주변에 산소가 없다면 물질이 타지 않습니다. 이 세 가지 조건, 탈 물질·발화점 이상의 온도·산소 중 하나라도 없다면 연소는 이루어지지 않습니다.

---

**잠깐만!!** 국어사전에서 〈보기〉에 제시된 낱말의 정확한 뜻을 찾은 후에 글을 쓰는 습관을 들여요.

**1** 낱말 박스에 제시된 낱말을 바탕으로 '연소 후 생성되는 물질'을 마인드맵으로 분류해 보세요.

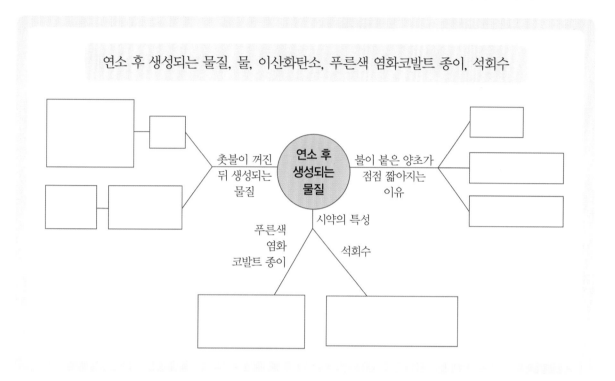

연소 후 생성되는 물질, 물, 이산화탄소, 푸른색 염화코발트 종이, 석회수

**2** 위에 정리한 내용을 글로 나타내 보세요.

**3** 낱말 박스에 제시된 낱말을 바탕으로 '소화'의 개념을 마인드맵으로 분류해 보세요.

소화, 탈 물질, 발화점, 산소, 소화의 여러 가지 방법, 연소의 조건 제거

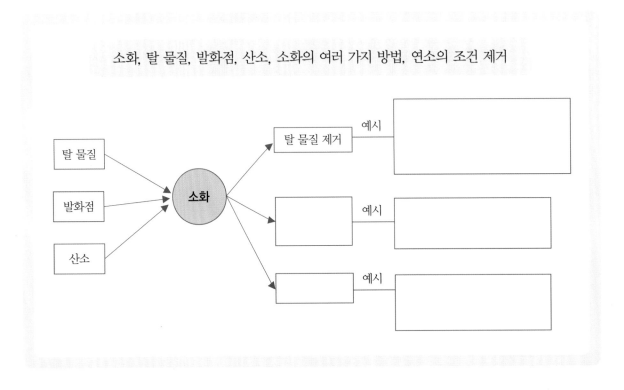

**4** 위에 정리한 내용을 글로 나타내 보세요.

**1** 낱말 박스에 제시된 낱말을 바탕으로 '화재'의 개념을 마인드맵으로 분류해 보세요.

화재, 안전, 대책, 소화기, 화재의 특징, 전기, 나무, 기름, 119

화재

**2** 위에 정리한 내용을 글로 나타내 보세요.

# 답안 가이드

# 1단원 재미있게 쓰기

## 01 낱말 만들기 - 합성어, 파생어 ··········· pp. 12~15

**연습하기**

**1**

> 벽시계를 보니 벌써 12시가 되었다. 아빠는 갑자기 나에게 국밥을 먹으러 가자고 말했다. "돼지국밥? 그걸 어떻게 먹어?", "된장에 풋고추를 찍어 먹으면 그 맛이 기가 막혀. 네가 아직 아기 입맛이라서 못 먹는다고 생각하는 거야." 아빠는 그냥 막무가내로 나를 맨손으로 끌고 가게에 들어갔다. "악!" 나는 울보처럼 크게 소리 내어 울었다. "자, 뚝!" 아빠가 병따개로 사이다를 따서 한 모금 주자 기분이 조금 나아졌다. "먹고 나서 지원이 네가 좋아하는 단팥빵 사 줄 테니까 숟가락만 먹어 보렴." 아빠가 나에게 돼지국밥 한 수저를 건넸다. 여기까지 고생해서 왔는데 아예 먹지 않는 것은 헛고생인 것만 같아눈 딱 감고 후루룩 짭짭 먹었다. 웬걸? 나는 먹보가 되어 국밥 한 그릇을 뚝딱 먹어 치웠다.

**2** **합성어**: 벽시계, 국밥, 들어가다, 돼지국밥, 입맛, 병따개, 나아지다, 단팥빵, 숟가락

　　　**파생어**: 풋고추, 된장, 맨손, 울보, 헛고생, 먹보

**3** ❶ 샛노랗다

　　❷ 애호박

　　❸ 오리걸음

**4** ❶ 풋사과

　　❷ 되찾았다

　　▶ '되찾다'라는 표현을 문장에 자연스럽게 '되찾았다(과거형)'로 수정했어요.

　　❸ 김밥

　　❹ 피땀

　　❺ 뛰놀다

**직접 써 보기**

**1** ❶ **바늘방석** 같은 회의 자리는 계속 나를 힘들게 했다.
　　살인자가 천국에 가는 것은 낙타가 **바늘구멍**에 들어가는 것만큼이나 어렵다.

　　❷ 고려에서 강감찬 장군은 **빛나는** 업적을 세웠다.
　　선생님께서 반 아이들에게 뜀틀 뛰기를 **힘써** 가르쳐 주셨다.

　　❸ 지운이는 내 부탁을 **군말** 없이 들어 주었다.
　　지우가 **군소리**가 많은 것 보니, 이 일을 하고 싶지 않은 것 같다.

**2** ❶ 미(美)+도우미
　　처음으로 미도우미를 사서 귀에 끼우니 얼굴이 훨씬 예뻐 보인다.

　　❷ 우주선+쏘기
　　얼마 전 누리호 우주선쏘기로 우리나라는 세계에서 자력으로 로켓을 발사한 열 번째 국가가 되었다.

　　❸ 완전+조그맣다+감사하다+하루
　　내 생일에는 완전조그만감사하루를 하루 종일 누렸으면 좋겠다.

　　❹ 불쌍하다+사랑+-답다
　　전쟁 때문에 헤어진 가족을 보니 가슴 속에 불쌍사랑답다가 솟아났다.

　　❺ 완전+쓰러지다
　　주먹 두 대를 맞고 중국 선수는 링 위에 완전쓰러졌다.

## 02 문장 만들기 - ① 관용어 ··········· pp. 16~19

**연습하기**

**1** ❶ 겁　　　　　　❷ 쉽게
　　❸ 잘난 체　　　❹ 화
　　❺ 두드러지게　❻ 크게
　　❼ 잘못　　　　❽ 끊고 물러나다
　　❾ 둘러서　　　❿ 편안하게
　　⓫ 익숙해지다　⓬ 그럴듯하게
　　⓭ 심하게　　　⓮ 어쨌든
　　⓯ 거듭해서　　⓰ 내숭을

**2** ❶ 간 큰　　　　❷ 손에 익는 걸
　　❸ 콩 뛰듯 팥 뛰듯　❹ 변죽만 울려서

⑤ 어제 지환이에게 민서가 나를 <u>침이 마르도록</u> 칭찬을 했다는 소리를 들었다. 국어 시간에 모둠 활동을 하는데 다른 모둠원은 움직이기 싫어했지만 나만 <u>죽이 되든 밥이 되든</u> 열심히 했다는 얘기였다. 그 말을 듣고 나니 뭔가 <u>코가 높아지는</u> 느낌이 들었다.

민서가 나를 그렇게 칭찬했지만 나는 그렇게 좋은 사람은 아니다. 여러 가지 음식을 가리는 <u>입 짧은</u> 아이, 말만 하고 행동은 하지 않는 <u>입만 산</u> 아이, 심지어 친구의 말에 화나서 <u>콩 튀듯 팥 튀듯</u> 할 때도 있는 아이다.

앞으로 민서의 칭찬처럼 뒤에서 <u>호박씨를 까지 않고</u>, <u>뒤가 구리지 않은</u> 아이가 될 수 있게 노력해야겠다. 그리고 다른 사람을 도와서 <u>눈이 동그래질</u> 정도로 바른 사람이 되고 싶다.

### 직접 써 보기

**1** ❶ 엄마에게 심통이 난 나는 계속 엄마의 말꼬리를 잡았다.

❷ 발이 넓은 아빠는 거의 매일 저녁 사람들과 술을 마신다.

❸ 유관순은 피를 토하는 심정으로 "대한 독립 만세!"를 외쳤다.

❹ 엄마는 아빠에게 이번 달 생활비가 모자라다고 바가지를 긁었다.

**2**

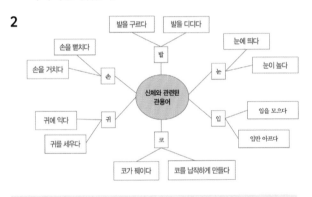

▶ **정답 지도 시 주의할 점** 표준국어대사전에서 낱말을 찾으면, 하단에 관용구와 속담의 뜻, 예시가 나와 있다는 것을 아이에게 알려 주세요.

❶ • 눈에 띄다–내성적인 성격을 가진 나는 눈에 띄는 행동을 하지 못한다.

• 코를 납작하게 만들다–잘난 체하는 지아보다 수학 시험을 잘 봐서 지아의 코를 납작하게 만들고 싶다.

▶ **눈에 띄다:** 두드러지게 드러나다.

**코를 납작하게 만들다:** 기를 죽이다.

❷ 나는 내성적인 성격을 가져서 교실에서 눈에 띄는 행동을 하지 못한다. 그래서 이번 장기자랑도 아무것도 하지 않으려고 했다. 그런데 "너는 뭐 하나 잘하는 게 없지?"라는 지아의 말에 기분이 팍 상

해 버렸다. 친구들 앞에서 1학년 때부터 배웠던 수화를 용기 있게 보여 줘야겠다. 그래서 잘난 체하는 지아의 코를 납작하게 만들어 주고 싶다.

## 03 문장 만들기 – ② 속담 ················· pp. 20~23

### 연습하기

**1** ❶ 뜻하지 않은 일　❷ 생각
❸ 고약하다　❹ 다툼
❺ 더 큰 흉　❻ 성과가 없는
❼ 답답한　❽ 저지르게 됨
❾ 망신시킨다　❿ 불평함
⓫ 허점

**2** ❶ 똥 묻은 개가 겨 묻은 개 나무란다
❷ 벙어리 냉가슴 앓듯
❸ 선무당이 사람 잡는다
❹ 종로에서 뺨 맞고 한강에서 눈 흘긴다
❺ 가는 날이 장날

### 직접 써 보기

**1** ❶ 만날 승혁이에게 당하고만 살던 영호가 어느 날 승혁이 말을 조목조목 반박했다.

❷ 시험을 망친 날, 순덕이는 비로소 공부하기로 마음을 먹었다.

❸ 사람초등학교에서 제일 싸움을 잘한다는 필진이가 권투 선수에게 싸움을 걸었다.

❹ 지연이는 오늘도 당연하다는 듯 미술 준비물을 챙겨오지 않았다.

**2**

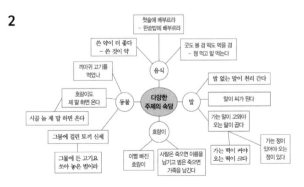

❶ • 가는 말이 고와야 오는 말이 곱다 – 거의 매일 다투는 유찬이에게 좋은 말을 잔뜩 해 줬더니 유찬이도 나를 칭찬했다.

• 호랑이도 제 말 하면 온다 – 친구와 운동장에서 전학 간 여은이 얘기를 하고 있었는데, 멀리서 여은이가 나를 불렀다.

▶ **가는 말이 고와야 오는 말이 곱다**: 자기가 남에게 말이나 행동을 좋게 하여야 남도 자기에게 좋게 한다는 말

**호랑이도 제 말 하면 온다**: 깊은 산에 있는 호랑이조차도 저에 대하여 이야기하면 찾아온다는 뜻으로, 어느 곳에서나 그 자리에 없다고 남을 흉보아서는 안 된다는 말. 다른 사람에 관한 이야기를 하는데 공교롭게 그 사람이 나타나는 경우를 이르기도 함

❷ 나의 가장 친한 친구 여은이. 처음에는 많이 다퉜지만 여은이가 점차 나에게 좋은 말을 해 주기 시작했다. 가는 말이 고와야 오는 말이 고운 것처럼 나도 여은이 칭찬을 하기 시작했다. 그러면서 점점 가까워진 우리. 이번에 전학을 간다는 말을 듣고 슬픔에 빠진 나는 운동장에서 여은이 이름을 중얼거리며 가만히 걷고 있었다. 호랑이도 제 말 하면 온다더니, 그때 저 멀리서 나타난 여은이. 아빠의 근무지가 바뀌어서 전학을 안 가게 되었다는 말을 듣고 나는 너무 기뻐서 "꺅!" 하고 크게 소리를 질렀다.

## 04 이어 쓰기 – 릴레이 글쓰기 ················ pp. 24~27

**직접 써 보기**

1 ❷ 내가 소파에서 **자는** 모습을 보고, 동생도 차가운 **거실** 바닥에 누워서 **쪽잠을 잤다.**

❸ 잠이 깬 나는 동생이 거실 바닥에서 자는 것이 안타까웠다. **젖 먹은 힘까지 다 내서** 동생을 침대로 옮겼다. **피는 물보다 진하니까.**

❹ 내가 동생을 **침대**로 옮길 때, 잠에서 **깬** 동생이 나에게 화를 냈다. 거실 바닥이 **시원해서** 잠이 잘 왔는데, 나 때문에 잠이 다 **깼다는** 것이다.

❺ **마른하늘에 날벼락** 같은 소리였다. 좋은 일을 했는데 도리어 욕을 먹으니 **기분이** 나빴다. 나는 억울

해서 동생에게 상황을 자세히 설명했지만 결국 내 **입만 아팠다.**

❻ "형이 나한테 그럴 리가 없어!" 동생은 **콩으로 메주를 쑨다 하여도 곧이듣지 않았다.** 내 평소의 업보라 생각하며, **속이 끓었지만** 꾹 참았다.

▶ **피는 물보다 진하다**: 혈육의 정이 깊음을 이르는 말

**젖 먹은 힘까지 다 낸다**: 무슨 일이 몹시 힘듦을 비유적으로 이르는 말

**마른하늘에 날벼락**: 뜻하지 아니한 상황에서 뜻밖에 입는 재난을 이르는 말

**콩으로 메주를 쑨다 하여도 곧이듣지 않는다**: 아무리 사실대로 말하여도 믿지 아니함을 비유적으로 이르는 말(소금으로 장을 담근다 해도 곧이듣지 않는다. 콩 가지고 두부 만든대도 곧이 안 듣는다.)

**속이 끓다**: 화가 나거나 억울한 일을 당하여 격한 마음이 속에서 치밀어 오르다.

2 ❷ 드라마의 **장르는 여러 가지가** 있습니다. 크게 역사, 의학, 정치, 판타지, 로맨스, 수사 드라마 등으로 **나눌** 수 있습니다.

❸ **난다 긴다 하는** 드라마가 많지만 그중에서도 저는 〈이상한 변호사 우영우〉가 **최고**라고 생각합니다. 왜냐하면 〈이상한 변호사 우영우〉는 넷플릭스 오리지널 드라마가 아니지만 '세계 시청 순위'에서 유의미한 결과를 기록했기 **때문입니다**(넷플릭스 종합 드라마 시청 순위가 오징어 게임에 이은 2위).

❹ 그 외에도 법정 드라마 〈천원짜리 변호사〉, 역사·판타지 드라마 〈환혼〉, 휴먼·로맨틱 코미디 드라마 〈일타 스캔들〉 등 다양한 장르에서 **눈에 띄는** 드라마가 **있습니다.**

❺ 이처럼 역사에 한 **획**을 긋는 드라마가 있다면 이와 다르게 시청률 부진으로 제작자의 **속을 태우는** 드라마도 있습니다.

❻ **부진한** 시청률을 기록하는 드라마는 방영 시간을 늘리고, 배우를 교체하는 등 다양한 방법으로 문제를 해결하려고 노력합니다. 하지만 **언 발에 오줌 누듯** 효과를 발휘하지 못하고, **조기 종영**하는 경우가 많습니다.

▶ **난다 긴다 하다**: 재주나 능력이 남보다 뛰어나다.

**속을 태우다**: 몹시 걱정이 되어 마음을 졸이다.

**3** ❷ 갑자기 머릿속에 라면이 떠오른다. 떡라면, 계란 라면, 치즈라면, 만두라면 심지어 컵라면까지 생각난다.

❸ 나는 침을 삼키며 냄비에 물을 받고, 라면 끓일 준비를 했다. 배도 고팠지만 라면에 무엇을 넣을지 고민하느라 머리가 아팠다.

❹ "그래! 역시 만두야." 구관이 명관이라고 하지 않던가? 평소에도 만두라면을 즐겨 먹던 나의 선택은 고소하고 담백한 만두라면이었다.

❺ 라면에 밥까지 말아서 배부르게 먹고 나니, 엄마에게 문자가 왔다. "아들, 뭐해? 갈비 먹게 '부자 갈비'로 발 빠르게 뛰어와!" 가는 날이 장날이라더니, 조금만 빨리 얘기해 주지!

❻ 그래도 나는 열심히 부자 갈비까지 뛰어갔다. 뛰었더니 다시 배가 고파졌다. 생갈비로 시작해서 양념갈비로 끝내야겠다고 마음먹으며, 엄마에게 손인사를 건넸다.

## 05 오감을 활용한 표현을 넣어 문장 쓰기

······pp. 28~29

**연습하기**

**1** ❶ 떡볶이
(미각) 분식집 앞을 지나가다가 이것을 먹으면 매콤 칼칼한 맛과 함께 단맛, 짠맛이 혀에서 한꺼번에 맴돈다. 거기에 순대나 튀김을 찍어 먹으면 말로 표현할 수 없는 다양하고 오묘한 맛이 난다.

❷ 넷플릭스
(청각) 이 회사가 온라인 동영상 시장 점유율 1위를 차지할 것이며, 디즈니를 뛰어넘는 세계 최대의 엔터테인먼트 기업이 될 것이라고 말했다.

❸ 찰흙
(촉각) 끈적끈적한 점성이 손에 느껴진다. 손가락에 붙어 있던 이것이 말라서 내 손을 점점 하얗게 만들었다.

(시각) 손에 묻은 흙이 씻기면서 구정물이 흘러내렸다. 비누를 묻혀서 두 손을 비비자 하얀 거품과 함께 섞인 이것이 오묘한 빛깔을 띠었다.

❹ 냄새
(후각) 에어컨 바람에서 나는 상쾌한 내음이 나를 감싸고 있어. 또, 눅눅한 책 냄새가 풍기는 것 같기도 해. 어? 착각인가? 주변에 아무 냄새도 나지 않는 건 아닐까?

## 06 오감을 활용한 표현을 넣어 글쓰기 ①

······pp. 30~31

**연습하기**

**1**

<모나리자>

프랑스 파리 루브르 박물관에 가면 사람이 끝도 없이 꽉꽉 차 있는 방이 하나 있다. 바로 레오나르도 다빈치가 1503년에서 1506년쯤에 완성한 모나리자가 전시된 방이다.　눈썹이 없는 자애로운 여성이 앉아 있는　장면을 그린 모나리자는 루브르 박물관에서 가장 인기 있는 작품이며, 레오나르도 다빈치의 대표작으로 평가받는다. 모나리자를 바라보면　여자가 가만히 앉아 있는 고요한 방　이 떠오른다. 방 안에는　화가가 앉아 쓱쓱 그림 그리는 소리　들리고,　은은하게 촛불이 타는 향이 떠다니는 듯하다. 여자의 알 수 없는 미소 때문에 그림에서　사과처럼 상큼한 맛　이 나는 것 같다.

이 그림이 더욱 유명해진 계기는 다빈치가 평생 이 그림을 품 안에 가지고 다녔기 때문이라고 한다. 가만히 모나리자를 보면　포근하고 부드러운　감각이 느껴질 때가 있다. 이런 감정 때문일지 모르겠지만 평범한 여자의 초상화가 전 세계적으로 유명한 이유를 조금은 알 것 같기도 하다.

**직접 써 보기**

**1**

| 나의 관심 | |
|---|---|
| 역사적 사건 | 2007년 스티브 잡스, 애플 아이폰 출시 |
| 시각 | 네모반듯한 아름다운 기계 |
| 청각 | 사운드가 울리고, 그 소리에 내 심장이 두근거린다. |
| 후각 | 새로운 향기, 파도처럼 밀려오는 뇌를 진동시키는 향기가 나를 감동시킨다. |
| 미각 | 아무런 맛도 없는 줄 알았는데, 그 안에 든 고급 컴퓨터 맛이 나에게 진한 감동을 준다. |
| 촉각 | 미끄러지듯 깔끔하게 누를 수 있는 터치패드의 매끄러운 촉감 |

**2**        스티브 잡스의 아이폰

2007년 스티브 잡스의 애플은 우리에게 놀라운 물건 하나를 소개한다.
네모반듯한 아름다운 기계, 아이폰!
새로운 향기가 진하게 묻어나는 이 물건은 뇌를 진동시킬 만큼 엄청난 파도를 몰고 왔다.
아무런 맛도 없는 줄 알았는데, 그 안에 든 고급 컴퓨터 맛이 진한 감동을 주었다.
미끄러지듯 깔끔하게 누를 수 있는 터치패드의 매끄러운 감촉. 아이폰의 사운드가 울리기만 해도 내 심장은 두근거렸다.

## 07 오감을 활용한 표현을 넣어 글쓰기 ②

**직접 써 보기**

**1**  김밥
**(시각)** 검은색 김 안에 하얀 쌀밥이 깔린다. 안에는 노란색, 주황색, 초록색, 갈색 등 여러 가지 색이 담긴다.
**(청각)** 김밥을 먹을 때 들리는 소리. "우걱우걱, 우물우물, 꾸역꾸역" 급하게 먹다가 "켁켁"
**(후각)** 고소한 참기름 냄새. 단무지의 시큼한 향과 당근, 시금치의 향긋한 채소 내음. 거기에 김과 밥 냄새까지 참을 수 없다.
**(미각)** 꼭꼭 오래 씹으면 다양한 맛이 느껴진다. 김과 참기름의 고소한 맛, 밥의 질척한 식감, 단무지, 시금치, 고기, 참치, 마요네즈가 섞여서 만드는 묘한 맛이 나의 식욕을 당긴다.

**(촉각)** 손으로 김밥을 잡으면 물컹한 느낌이 든다. 조금만 세게 쥐어도 김밥이 툭 터져 버리니까, 가볍게 들어서 입으로 휙 가져간다.

↓

### 김밥

검은색 김 안에 하얀 쌀밥이 깔린다. 안에 노란색 단무지, 주황색 당근, 초록색 시금치, 거기에다가 갈색의 고기나 하얀색 마요네즈가 묻은 참치까지 가득 채워 준다. 김발을 가볍게 돌려 김밥을 말면 길고 둥그런 김밥이 탄생한다. 고소한 참기름 냄새, 단무지의 시큼한 향과 당근·시금치의 향긋한 채소 내음, 거기에 김과 밥의 냄새까지 참을 수 없다. 입으로 꼭꼭 씹으면 입안에서 다양한 맛이 느껴진다. 우걱우걱, 우물우물, 꾸역꾸역 열심히 씹는다. 김과 참기름의 고소한 맛이 밥 속에 한가득! 질척한 밥의 식감이 느껴지고, 시금치·고기·단무지·참치·마요네즈 등이 묘하게 섞인 맛이 나의 식욕을 더욱 끌어당긴다. 이제 나는 식신이 된다. 손으로 김밥을 열심히 잡아 입에 넣는다. 물컹한 느낌이 나는 김밥을 세게 잡으면 툭 하고 터져 버린다. 가볍게 잡아 입으로 던져 넣는 것이 국룰! "켁켁" 너무 빨리 먹다 보니 목이 막힌다. 시원한 물을 벌컥벌컥 마시면 김밥은 더욱 꿀맛이다.

## 01 여러 문단 쓰기
.............. pp. 36~43

**연습하기**

1 ❶ '비유'란 '어떤 현상이나 사물을 직접 설명하지 아니하고 다른 비슷한 현상이나 사물에 빗대어서 설명하는 일'을 말합니다.
이 시 외에도 다양한 동화, 소설 등의 작품에서 비유적 표현을 찾을 수 있습니다.
그리고 자신이 말하고 싶은 내용을 독자에게 쉽고 재미있게 전달할 수 있습니다.

❷ 분단 비용이란 남과 북으로 갈라지면서 지속적으로 발생하는 경제적, 경제 외적 비용을 의미합니다.
통일 비용은 남한과 북한이 다르게 사용하던 것을 하나로 통합하는 데 드는 비용입니다.
남과 북이 서로 합심한다면 통일 비용을 줄여 나갈 수 있을 것입니다.
통일 편익은 통일로 얻게 되는 경제적 보상과 혜택을 뜻합니다.
이러한 통일 편익은 통일 이후에도 영구적으로 발생하는 이익이 될 것입니다.

❸ 태양과 달을 관측할 수 있는 '날'과 '장소'를 선정해야 합니다.
이렇게 선정된 장소에서 나침반을 가지고, 방위를 알아봅니다.
달은 밤에 뜨기 때문에 태양이 진 후 관찰하기 시작해서 새벽까지 일정한 시간 간격으로 관측한다면 관찰 보고서를 정밀하게 작성할 수 있습니다.
태양을 관측할 때는 태양 빛이 매우 강하여 똑바로 쳐다보면 눈이 상할 수 있으므로 태양을 맨눈으로 보지 않도록 합니다.
태양과 달 모두 동쪽 하늘에서 떠서, 남쪽 하늘을 지나, 서쪽 하늘로 진다는 것을 쉽게 알 수 있습니다.

**직접 써 보기**

1 ❶ 4·19 혁명 이후 대한민국은 민주 사회에 대한 기대와 열망으로 가득 찼다. 하지만 사람들의 기대를 무참히 짓밟는 일이 발생했는데, 그것이 바로 5·16 군사 정변이다. 1961년 5월 16일 박정희와 일부 군인들은 무력을 이용해서 정권을 잡는다. 이 군사 정변 때문에 우리나라의 경제 발전이 빨라졌다는 의견도 있다. 하지만 5·16 군사 정변은 분명한 쿠데타이며 새로운 민주 사회에 대한 국민의 열망을 빼앗아 버린 사건인 것 또한 부정할 수 없는 사실이다. 박정희 대통령은 헌법을 바꿔 가면서까지 대통령직을 유지했다. 1972년 유신 헌법을 공포하여 대통령 직선제를 간선제로 바꾸는 만행이 그 대표적인 예이다. 국민들은 정부의 유신 헌법에 반대하고 민주화에 대한 요구를 더욱 거세게 표현했다. 박정희 대통령은 이러한 시민들의 표현을 탄압하고 독재의 길을 계속해서 걸으려고 했지만 1979년 자신의 최측근이었던 김재규의 총알을 맞고 결국 숨을 거둔다.

❷ 운동 체력이란 운동을 할 때 필요한 체력을 일컫는 말로 다양한 종류의 체력을 포함한다. 먼저 순발력은 근육이 순간적으로 빨리 수축하면서 낼 수 있는 힘을 의미하며, 높이뛰기나 제자리 멀리뛰기로 측정이 가능하다. 두 번째로 민첩성은 몸의 위치나 방향을 빠르게 바꿀 수 있는 능력으로 방향 바꿔서 달리기로 기록을 재서 수치화할 수 있다. 세 번째로 평형성은 몸의 균형을 유지할 수 있는 능력으로 눈 감고 한 발 들고 서 있거나 스틱 테스트(좁은 막대 위에 한쪽 발로 올라가서 오래 버티기)로 평가할 수 있다. 마지막으로 협응성은 몸의 여러 부위를 조화롭게 움직일 수 있는 능력으로 원 안에서 셔틀콕 치기나 다리 벌렸다 모으기 테스트로 측정할 수 있다. 학교에서는 '체력 테스트'를 통해 학생들의 다양한 운동 체력을 측정한다.

❸ 판화란 나무, 수지, 금속, 돌 따위로 이루어진 판에 그림을 새기고 색을 칠한 뒤에 종이나 천을 대고 찍어서 만든 그림을 뜻한다. 이러한 판화는 판을 찍어 내는 방법에 따라 다른 느낌을 낸다. 먼저 볼록 판화는 판재를 양각이나 음각으로 새기고 볼록한 부분에 잉크를 얹어 찍는 방법으로 고무 판화, 목 판화, 리놀륨 판화, 지판화 등이 있다. 두 번째는 오목 판화가 있다. 판재에 새겨진 오목한 부분에 잉크를 밀어 넣고 프레스로 일정한 압력을 가하여 찍는 오목 판화는 주로 금속 재질의 동판을 사용한다. 평판화는 판을 새기지 않고 판재 위에 직접 그림을 그려 찍는 방법으로 석판화, 모노타이프가 있다. 마지막으로 공판화는 비단이나 종이 등의 판재에 구멍을 만들어 스펀지로 잉크를 밀어 넣어 찍는 방법으로 스텐실이나 실크 스크린이 있다. 이러한 판화는 한 장의 판으로 같은 그림을 여러 장 찍어 낼 수 있어서 우리 생활에서 많이 활용하고 있다.

## 02 글 점검하기 ·························· pp. 44~49

연습하기

2 ❶ 자주적인 생활 습관을 형성하자
❷ 자주적인 생활을 하자
❸ ④ → ② → ⑤ → ③ → ①
❹ 그런데 하기 싫은 일도 하다보면 익숙해지고 언젠가는 재미있어지기도 합니다.
❺ 한다면, 집중력이 향상되고
❻ 자주적인 사람이란 스스로를 믿고 끈기 있게 노력하는 사람을 말합니다. 그리고 어려움을 스스로 헤쳐 나가는 책임감 있는 사람을 의미하기도 합니다.

❼

( 자주적인 생활을 하자 )

① 이러한 생활 습관을 지속적으로 점검하고 반성하며 살아간다면 얼마의 시간이 흐른 후에는 내 생활의 주인이 '자신인'을 살 수 있습니다.

② 사실 남이 시켜서 하는 일은 하기 싫고, 지루합니다. 또, 하기 싫은 만큼 힘이 더 드는 것처럼 느껴지기도 합니다. 그런데 하기 싫은 일도 하다보면 익숙해지고 언젠가는 재미있어지기도 합니다. 만약 스스로 계획한 일을 주도적으로 하려면 자신이 하고 싶은 일을 하고 있다는 생각 때문에 집중력과 더 좋은 결과를 만들어냅니다. 그리고 그 일을 마쳤을 때 내가 하고 싶은 일을 해냈다는 뿌듯함도 느낄 수 있습니다.

③ 자주적인 사람은 자신의 강점을 발전시키고, 약점을 보완하기 위해 할 수 있는 일을 스스로 정하고, 그것을 꾸준히 실천합니다. 예를 들면 '아침 일찍 일어나기, 일기를 세 줄씩 꾸준히 쓰기, 독서를 매일 한 시간하기, 스마트폰 10분 이상 보지 않기' 등 스스로 할 수 있는 약속을 공책에 적습니다. 그러고 난 후에 그것을 지켰는지 매일 점검한다면 '자주적인 생활을 실천하기 위한 생활 버릇을 만들었다'고 말할 수 있을 것입니다.

④ '자주'는 스스로 자(自), 주인 주(主)로 이루어진 낱말입니다. 사전에서는 '남의 보호나 간섭을 받지 아니하고 자기 일을 스스로 처리함'이란 뜻으로 정의하고 있습니다. 그러므로 자주적인 생활이란, 남이 시켜서 하는 것이 아니라 스스로 계획하고 결심한 일을 실천하는 삶을 말합니다.

⑤ 자주적인 생활을 하기 위해서는 우선 자주적인 사람이 되어야 합니다. 다르게 말하면 자주적인 사람이 되기 위해 무조건 노력한다면 그것이 바로 자주적인 생활을 하는 것이라고 말할 수 있습니다. 자주적인 사람이란 스스로를 믿고 끈기 있게 노력하는 사람을 말하고, 어려움을 스스로 헤쳐 나가는 책임감 있는 사람을 의미하기도 합니다.

직접 써 보기

1 ❶

대상: 제목 짓기, 문단의 순서( ⑥ → ④ → ⑤ → ② → ③ → ① ), 문장의 호응, 맞춤법(1개), 띄어쓰기(2개)

〈 세계의 방향 〉

① 이처럼 세계는 컴퓨터나 스마트폰 등 멀티미디어와 연관된 프로그램을 개발하는 기업을 위주로 움직입니다. 대한민국은 이러한 세계의 흐름 속에서 살아남기 위해서 사람들의 흥미를 자극하는 창의적인 콘텐츠를 만들어야 합니다. 이러한 콘텐츠를 만들수있도록 대한민국은 사람들이 무엇을 중시하는지 심각히 고민해 봐야 할 것입니다.

② 전 세계에서 세 번째로 높은 시가 총액을 가진 기업은 마이크로소프트입니다. 빌 게이츠가 컴퓨터 운영 체제 Windows를 개발한 후 마이크로소프트가 현대 거의 모든 가정용 컴퓨터를 점유하고 있다고 해도 과언입니다. ➡ _____ 과언이 아닙니다. _____ 특히 엑셀·파워포인트·워드 등 우리가 컴퓨터로 업무를 볼 때 사용하는 오피스 프로그램은 마이크로소프트에서 개발했습니다.

③ 마지막으로 세계 기업 순위 4위는 바로 '알파벳'입니다. 알파벳은 우리가 '구글'로 알고 있는 기업입니다. 구글은 알파벳의 자회사로 우리가 많이 활용하는 '검색 엔진'을 의미합니다. 여기에 더해서 2006년 유튜브를 인수하고, 스마트폰 운영 체제 안드로이드를 출시하면서 기업 매출이나 수익이 상당히 높아졌습니다.

④ 전 세계에서 가장 높은 시가 총액을 가지고 있는 기업은 바로 애플입니다. 2007년 스티브 잡스가 아이폰을 발표한 후 기업의 매출이 급격히 상승하였습니다. 애플만의 iOS라는 독자적인 운영 체제를 활용하여 스마트폰 시장에서 부동의 1위 자리를 지키고 있습니다.

⑤ 두 번째 기업은 조금 생소할 수 있습니다. 바로 사우디의 아람코라는 석유 관련 국영 기업입니다. 아람코는 기업이라고 하지만 실질적으로 사우디아라비아 정부에서 관리하기 때문에 일반 사람들을 대상으로 하는 기업을 소개하는 이 글에서 다루기 무리가 있습니다.

⑥ 2022년 3월 3일 발표된 전 세계 기업 시가 총액 4위까지의 기업 순위를 알아보겠습니다. 시가 총액이란 '증권 거래소에서 상장된 증권 모두를 그날의 종가로 평가한 금액'이란 경제 용어로 기업의 가치를 매길때 사용하는 지표라고 할 수 있습니다. 세계 기업 시가 총액 순위를 알아보면 세계가 현재 어떻게 움직이고 있는지 그 방향성을 알 수 있습니다.

**❷**

> 대상: 제목 짓기, 문단의 순서( ① → ⑤ → ⑥ → ④ → ② → ③ ),
> 글의 흐름에 불필요한 문장 찾기, 빨간색으로 쓴 문장 간단히 나누기,
> 파란색으로 쓴 낱말을 다양한 낱말로 바꾸어 쓰기

〈 글을 쓸 때 자료 활용하기 〉

① 독자의 흥미를 끌기 위해 글을 어떻게 써야 할까요? 여러 가지 방법이 있겠지만 여러 가지 자료를 활용한다면 독자가 이해하기 쉽고, 재미있는 글을 쓸 수 있습니다. 특히 TV나 스마트폰의 동영상 자료를 많이 보는 것은 아이들의 정서에 좋지 않습니다. 여기서 말하는 여러 가지 자료는 보통 표, 도표, 사진, 동영상 등을 말합니다.

② 동영상은 컴퓨터 모니터의 화상이나 텔레비전의 영상처럼 움직이는 것을 말합니다. 사진보다 더 실제적이기 때문에 글이 의미하는 바를 사진보다 구체적으로 표현할 수 있습니다. 동영상은 글의 내용을 가장 정확하게 표현하는 자료라고 생각하면 됩니다.

③ 이렇게 여러 가지 자료를 활용하여 글을 쓰면 독자가 이해하기 쉽고, 재미있는 글이 됩니다. 글은 독자에게 말하고자 하는 바가 정확하게 드러나도록 써야 합니다. 이러한 자료를 활용하여 글을 쓴다면 필자가 말하고자 하는 내용을 독자에게 효과적으로 전달할 수 있습니다. 또, 독자는 자료를 살펴봄으로써 글의 내용에 흥미를 느끼고, 글을 더 쉽게 이해할 수 있습니다.

④ 사진이란 물체의 형상을 감광막 위에 나타나도록 찍어 오랫동안 보존할 수 있게 만든 영상을 뜻하고, 실제 그 대상을 정확히 나타내기 때문에 독자에게 설명하는 대상을 한눈에 보여 줄 수 있고, 글로 설명하는 것보다 구체적인 사실을 전달할 수 있습니다.

➡ 사진이란 물체의 형상을 감광막 위에 나타나도록 찍어 오랫동안 보존할 수 있게 만든 영상을 뜻합니다. 사진은 실제 그 대상을 정확하게 나타내기 때문에 독자에게 설명하는 대상을 한눈에 보여 줄 수 있습니다. 또, 글로 설명하는 것보다 구체적인 사실을 전달할 수 있습니다.

⑤ 표(表)란 어떤 내용을 일정한 형식과 순서에 따라 보기 편하게 나타낸 것을 의미합니다. 표를 사용하면 많은 양의 자료를 손쉽게 정리할 수 있습니다. 그리고 여러 가지 수도 비교할 수 있습니다.

⑥ 도표(圖表)란 여러 가지 자료를 분석하여 그 관계를 일정한 양식의 그림으로 나타낸 표를 말합니다. 어떻게 보면 도표는 '표'에 속하는 자료라고 볼 수 있습니다. 도표를 사용하여 자료를 정리하면 정확한 수치를 나타낼 수 있고, 양이 어떻게 변화했는지 그 정도를 쉽게 파악할 수 있습니다.

**❸**

> 대상: 제목 짓기, 글의 흐름에 불필요한 문장 찾기, 빨간색으로 쓴 문장 간단히 나누기,
> 파란색으로 쓴 낱말을 다양한 낱말로 바꾸어 쓰기, 맞춤법(2개), 띄어쓰기(2개)

〈 곱셈과 나눗셈의 의미 〉

곱셈과 나눗셈의 의미를 알고 있습니까? 곱셈과 나눗셈은 초등학교 2학년 때부터 배우기 시작해서 곱셈구구, 분수의 곱셈과 나눗셈, 소수의 곱셈과 나눗셈으로 방향과 수준이 점점 높아집니다. 많은 아이가 자연수, 분수, 소수로 바뀐 수로 곱셈과 나눗셈을 할 수 있습니다. 하지만 정작 곱셈과 나눗셈의 의미를 물어보면 정확히 설명하거나 쓸 수 있는 학생이 드뭅니다.

여기서는 초등학교 2학년에서 배웠던 곱셈과 나눗셈의 의미에 대해서 다시 한번 알아보겠습니다. 곱셈에서 '곱하다'라는 동사의 의미는 '둘 이상의 수 또는 식을 두 번이나 그 이상 몇 번 되짚어 합치다'이므로 곱셈이란 단순히 '어떤 수를 몇 번 더하면 값이 얼마인가?'를 나타내는 것이라고 할 수 있고, 예를 들어 3×7은 3을 7번 더했다는 것을 말합니다.

➡ 곱셈에서 '곱하다'라는 동사의 의미는 '둘 이상의 수 또는 식을 두 번이나 그 이상 몇 번 되짚어 합치다'입니다. 그러므로 곱셈이란 단순히 '어떤 수를 몇 번 더하면 값이 얼마인가?'를 나타내는 것이라고 할 수 있습니다. 예를 들어, 3×7은 3을 7번 더했다는 것을 말합니다.

이러한 곱셈의 의미는 여러 가지로 $0.7 \times 3$은 0.7을 세 번 더한 것, $\frac{1}{5} \times 3$은 $\frac{1}{5}$을 세 번 더한 것을 뜻합니다. 마찬가지로 $\frac{1}{2} \times \frac{1}{5}$은 $\frac{1}{2}$을 $\frac{1}{5}$번 더한 것을 의미합니다. 수학 책의 설명은 이와 같은 말을 풀어서 이야기한 것에 불과합니다.

나눗셈은 곱셈보다 좀 더 복잡합니다. 나눗셈은 두 가지 의미를 갖고 있습니다. 첫 번째 의미는 어떤 수에서 나누는 수를 몇 번 뺄 수 있는지 묻는 '포함제'의 의미입니다. 예를 들면 8 나누기 4라고 하면 8에서 4를 몇 번 뺄 수 있는지 묻는 문제라고 할 수 있습니다. 뺄셈은 바꿔의 재귀라는 두 가지 의미를 가지고 있습니다. 또 다른 나눗셈의 뜻은 똑같이 나누었을 때 한 부분이 얼마인지 묻는 '등분제'의 의미입니다. 예를 들어, 8 나누기 4는 8을 네 부분으로 똑같이 나누면 한 부분은 얼마인가를 묻는 문제입니다.

수학은 필자를 탐구해서 그 의미를 증명해 가는 학문이라고 할 수 있습니다. 수학을 잘하기 위해서는 단순히 문제를 많이 풀어 보는 것만으로 부족합니다. 식에서 제시하는 의미를 알고, 왜 그렇게 풀어야 하는지 설명할 수 있어야 합니다. 거기서 더 나아가 스스로 생활에서 만나는 문제를 수학적으로 해결하려는 열정으로 가득해야 합니다. 그렇게 수학을 공부할 때, 수학 공부에 재미를 느끼고 궁극적으로 수학적 사고를 하는 인간으로 자라게 될 것입니다.

---

## 03 여러 가지 주제로 문단 구성하기 – ① 물가

······ pp. 50~51

**연습하기**

**1** 영수증, 가계부, 마트, 비싸다, 식재료, 과일, 채소, 고기

**2** **비**–비행기를 타고 제주에 가려고 티켓 값을 알아봤다.
**싸**–싸고 편한 시간의 티켓은 이미 다 팔리고, 가장 비싼 표만 남았다.
**다**–다시는 여행을 가고 싶지 않다는 기분이 들었다.

**3** 동남아나 일본·중국에 가는 비용, 제주의 비싼 물가, 호텔 가격

**직접 써 보기**

**1** 처음으로 제주도에 가족여행을 가기로 했다. 즐거운 마음으로 스마트폰 검색창에 '제주도 비행기 가격'을 쳤다. 주르륵 나오는 비행기 티켓. 이럴 수가! 이미 싸고 편한 시간대의 비행기는 모두 매진! 비싸고, 몸이 힘든 시간대의 표만 남았다. 비행기 티켓뿐만이 아니다. 호텔비, 렌트비, 식사비까지. 너무 심하다는 말이 입에서 절로 나왔다. 이 돈으로 동남아나 일본·중국에 가면 더 싸고 풍족하게 놀 수 있을 거라는 생각이 들었다. 이렇게 비싼 돈을 들여서 제주도에 가는 게 맞는지 심각히 고민해 봐야겠다.

## 04 여러 가지 주제로 문단 구성하기
### – ② 6월 민주 항쟁

······ pp. 52~53

**연습하기**

**1** 박종철, 직선제, 간선제, 대통령, 언론 탄압, 민주화, 전두환, 노태우, 김대중, 김영삼, 탱크, 태극기

**2** **대**–대통령을 우리 손으로 직접 뽑는 것이 민주주의의 첫걸음이다.

**통**–통제와 억압 속에 빠져 있던 대한민국 국민들은 6월 민주 항쟁으로

**령**–령(영)광을 누릴 수 있는 첫걸음, 대통령 직선제를 경험하게 되었다.

**3** 대통령 직선제–민주주의 상징, 시민의 힘으로 민주주의 쟁취, 평화 시위

직접 써 보기

**1**   12·12 군사 반란으로 정권을 잡은 전두환은 박정희 대통령을 따라서 독재를 이어 갔다. 이에 시민들 사이에서 여러 차례 저항이 있었지만 전두환은 군을 이용해서 이를 통제하고 억압했다. 그러나 박종철, 이한열 열사의 죽음으로 대한민국 전역에서 민주주의에 대한 염원이 들불처럼 일어났다. 이렇게 펼쳐진 6월 민주 항쟁은 시민의 힘으로 민주주의를 쟁취한 세계적인 사건이라고 할 수 있다. 특히 6월 민주 항쟁은 평화적으로 전두환의 독재 정권을 물리쳤다는 점에서 큰 평가를 받고 있다. 이후 민주적인 개헌으로 대통령 선거가 간선제에서 직선제로 바뀌게 되었다. 드디어 대한민국 민주주의의 첫걸음을 내딛게 된 것이다.

## 05 여러 가지 주제로 문단 구성하기 – ③ 이산화탄소
·······pp. 54~55

**연습하기**

**1** 탄산수소나트륨, 식초, 무색무취, 석회수, 콜라, 사이다, 탄산음료, 산소, 나무, 환경 파괴

**2** **사**–사이다 안에 방울방울 달려 있는 공기 방울로만 관찰할 수 있는 이산화탄소.
**이**–이산화탄소는 무색무취한 기체이기 때문이다.
**다**–다양한 성질이 있는 이산화탄소, 어떻게 만들 수 있을까?

**3** 이산화탄소 발생 장치(탄산수소나트륨, 식초), 삼각

플라스크, 집기병, 거품

**직접 써 보기**

**1**   이산화탄소, 무색무취하기에 어디에 존재하는지도 모르는 기체. 우리는 사이다나 콜라 속 방울방울 달려 있는 공기 방울로만 이산화탄소를 관찰할 수 있다. 다양한 성질을 가진 이산화탄소, 어떻게 만들 수 있을까?
  이산화탄소를 만드는 방법은 간단하다. 모든 생물은 몸 안에서 이산화탄소를 만들 수 있다. 지금 이 순간, 우리가 호흡하는 과정에도 이산화탄소가 생성된다. 이 외에도 이산화탄소는 '이산화탄소 발생 장치'를 통해 만들 수 있다. 삼각플라스크 안에 탄산수소나트륨을 넣고 밀봉한 후, 그 위에 식초를 조금씩 떨어뜨리면 거품이 발생한다. 이 거품에서 발생하는 기체가 바로 이산화탄소라고 할 수 있다.

## 06 여러 가지 주제로 문단 구성하기 – ④ 코끼리
·······pp. 56~57

**연습하기**

**1** 코, 길다, 뚱뚱하다, 귀엽다, 상아, 크다, 최강자, 아시아, 아프리카, 인도, 똑똑하다, 지능, 사납다, 서커스

**2** **아**–아프리카코끼리, 육지에 사는 가장 큰 동물!
**시**–시원한 발걸음처럼 아프리카에서 가장 강력한 힘을 가진다.
**아**–아무도 덤빌 수 없는 압도적인 무게와 강력한 힘 앞에 사자도, 하마도, 코뿔소도 슬그머니 꼬리를 내린다.

**3** 로마와 카르타고의 전쟁에 등장했던 코끼리, 자기들만의 언어를 가짐

**직접 써 보기**

**1** 육지에 사는

가장 큰 동물,
아프리카코끼리.

먼 옛날,
로마와 카르타고
스키피오와 한니발의
치열했던 전쟁 속에
등장하는 코끼리가 바로,
아프리카코끼리이다.

시원한 발걸음,
압도적인 무게와
강력한 힘 앞에
아무도 그들을 건드릴 수 없다.

하지만
제일 중요한 것은 그들이
자기들만의 언어를 가질 정도로
똑똑한 두뇌를 갖고 있다는 사실!

아프리카코끼리의
무리 앞에
사자도,
하마도,
코뿔소도
살그머니 꼬리를 내린다.

쿵쿵쿵쿵!
그들의 발걸음이
크게 가슴을 울린다.

## 07 여러 가지 주제로 문단 구성하기 – ⑤ 배드민턴
……pp. 58~59

**연습하기**

**1** 셔틀콕, 서브, 네트, 실내운동, 약수터, 올림픽, 이

용대, 스매시, 라켓, 깃털

**2** **약**–약 300km/h를 넘는 속력으로 셔틀콕이 오가
는 배드민턴.
**수**–수준급 선수들은 약 400km/h가 넘는 속력으
로 셔틀콕을 후려친다.
**터**–터무니없는 셔틀콕의 속력은 구기 종목 가운데
가장 빠르다고 알려져 있다.

**3** 빠른 속력의 셔틀콕이 물건도 부숨, 셔틀콕은 깃털
로 이루어져 있어 거리가 멀어질수록 속력이 빠르
게 줄어듦

**직접 써 보기**

**1** 　배드민턴 선수가 스매시하면 셔틀콕은 약
300km/h의 속력으로 네트를 넘어간다. 이를 여
유롭게 받아치는 프로 선수들. 수준급 선수는 약
400km/h의 속력으로 셔틀콕을 후려친다고 한다.
셔틀콕은 구기 종목 가운데 날아가는 속도가 가장
빠르다고 알려져 있다. 배드민턴 라켓으로 치는 순
간 엄청난 속력으로 날아가는 셔틀콕은 물건을 부
술 정도로 강력하다. 수박이나 송판 정도는 손쉽게
부서뜨릴 수 있는 셔틀콕, 이 정도면 배드민턴은 위
험 운동이라고 해야 하지 않을까? 아니다. 셔틀콕
은 바람의 영향을 많이 받는 깃털로 이루어져 있기
때문에 네트에서 셔틀콕이 조금만 멀어져도 속력이
확 줄어든다. 이러한 셔틀콕의 특성을 활용한 배드
민턴 기술들이 꾸준히 개발되고 있기 때문에 배드
민턴 경기에 대한 관심이 한층 더 높아지고 있다.

# 3단원 국어사전 활용하기

▶ 정답 지도 시 주의할 점 사전에 나온 설명 자체가 아이의 어휘력보다 높은 경우가 많습니다. 여기서는 아이에게 낱말의 완벽한 뜻을 알려 주려고 하기보다는 사전을 재미있게 찾는 연습을 통해 조금씩 사전에 나오는 낱말에 익숙해질 수 있도록 도와주세요. 사전에 나오는 낱말을 가르치려고만 하면 아이는 사전 찾기가 지루하고 재미없습니다. 언어를 처음 배울 때처럼 사전을 찾는 과정도 정확성보다는 유창성을 중시해 주세요. 사전 찾기가 글을 더 잘 쓰기 위한 과정의 하나라고 생각해 주세요.

## 01 올바른 우리말 알기

– 외래어, 외국어를 토박이말로 고치기 ······pp. 62~65

### 연습하기

**1**

| 외국어, 외래어 | 다듬은 말 | 외국어, 외래어 | 다듬은 말 |
|---|---|---|---|
| QR 코드 | 정보 무늬 | 레스토랑(restaurant) | 식당, 양식당 |
| 가드(guard) | 수비수 | 리드미컬하다(rhythmical하다) | 율동적이다, 운율적이다 |
| 가든파티(garden party) | 마당 잔치, 뜰 잔치 | 마도로스(matroos) | 선원 |
| 가라(カラー) | 깃, 옷깃, 칼라 | 만료일(滿了日) | 끝나는 날 |
| 감언이설(甘言利說) | 달콤한 말, 꾐말 | 매스컴(mass communication) | 대중 전달, 언론, 언론 기관 |
| 나이스(nice) | 좋은, 훌륭한 | 방화 대책(防火對策) | 불조심 대책 |
| 남용하다(濫用하다) | 마구 쓰다, 함부로 쓰다 | 백부(伯父) | 큰아버지 |
| 네일숍(nail shop) | 손톱 미용실 | 보너스(bonus) | 상여금 |
| 노트(note) | 공책 | 섬네일(thumbnail) | 마중그림 |
| 다반사(茶飯事) | 예삿일, 흔한 일 | 소묘(素描) | 밑그림 |
| 다이어트(diet) | 식이 요법, 덜 먹기 | 업데이트(update) | 갱신 |
| 닥터(doctor) | 의사, 박사 | 엑스포(expo) | 박람회 |
| 단독(單獨) | 혼자, 혼자서, 홀로 | 지침(指針) | 길잡이 |
| 달성하다(達成하다) | 이루다, 이룩하다 | 콘서트(concert) | 연주회 |
| 라이트(light) | 조명, 조명등 | 파트타임(part time) | 시간제 근무 |
| 럭셔리하다(luxury하다) | 고급스럽다, 호사스럽다 | 프라이드 치킨(fried chicken) | 닭튀김 |

직접 써 보기

**1** ❶

〈겨울 왕국(Frozen)〉은 월트 디즈니에서 2013년 개봉한 영화로 안데르센의 '눈의 여왕'을 원안으로 만들어진 만화 영화입니다. 어릴 때부터 모든 것을 얼릴 수 있는 능력을 가지고 태어난 언니 엘사와 그녀의 여동생 안나가 겪은 일을 그린 아름다운 동화입니다. 크면서 자신의 능력을 통제할 수 없던 엘사가 왕의 자리를 내려놓고 어딘가로 사라지면서 왕국은 얼어붙게 됩니다. 하지만 언니를 끝까지 믿고 있었던 안나가 엘사를 찾아서, 다시금 모든 사람이 행복을 되찾는다는 이야기입니다. 겨울 왕국은 장엄하고 아름다운 영상과 폭발적인 노래 부르기 실력을 자랑하는 주제가가 어우러지면서 전 세계에서 엄청난 흥행을 기록한 영화입니다.

❷

녹색 불이 깜빡일 때 횡단보도를 건너려고 뛰었던 적이 있나요? 교통 신호는 안전하게 길을 건너기 위해 만들어진 길 위의 규칙입니다. 이 규칙을 지키지 않을 때 보행자와 운전자 모두가 위험해질 수 있습니다.

교통 신호를 지키지 않는 보행자는 사고에 무방비 상태입니다. 이 사람은 횡단보도를 조금 더 빨리 건널 수 있을지 모르지만 갑자기 다가오는 차 한 대에 목숨을 잃을지 모릅니다.

그리고 교통 신호 지키기는 운전자가 더 잘해야 합니다. 멈춤, 출발, 좌회전, 우회전 이외에도 수많은 교통 신호가 있습니다. 자동차는 빠르고 무겁기 때문에 다른 자동차나 보행자와 부딪히면 큰 인명 피해가 발생합니다. 자동차는 인간보다 훨씬 세고 강하기 때문에 운전자는 교통 신호에 민감해야 하고, 사람을 봤을 때 먼저 길을 터 주는 미덕을 보여야 합니다.

## 02 낱말의 뜻을 이해하고 관련 글쓰기
- 의미 관계 파악하기 ·······pp. 66~69

**연습하기**

**1**

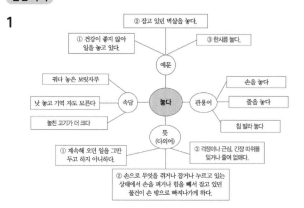

'놓다'는 다의어로 '손으로 무엇을 쥐거나 잡거나 누르고 있는 상태에서 손을 펴거나 힘을 빼서 잡고 있던 물건이 손 밖으로 빠져나가게 하다'라는 뜻을 가지고 있습니다. 또, '건강이 좋지 않아 일을 놓고 있다.'에서처럼 '계속 해 오던 일을 그만두고 하지 아니하다'와 같은 의미로 쓰기도 합니다. 이 외에도 다양한 상황에서 '놓다'를 활용하고 있습니다. '손을 놓다, 줄을 놓다' 등과 같은 관용어에서 다루기도 하고, '꿔다 놓은 보릿자루, 낫 놓고 기억 자도 모른다'처럼 속담에서 사용하기도 합니다.

▶ **정답 지도 시 주의할 점** 속담이나 격언, 관용어 등은 인터넷 검색을 통해 찾아보도록 지도하시기 바랍니다.

**직접 써 보기**

**1  ❶**

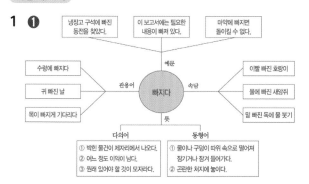

'빠지다'란 낱말은 '박힌 물건이 제자리에서 나오다, 어느 정도 이익이 남다'라는 뜻이 담겨 있

습니다. '물이나 구덩이 따위 속으로 떨어져 잠기거나 잠겨 들어가다, 곤란한 처지에 놓이다'와 같은 의미도 가지고 있습니다. 생활에서는 '냉장고 구석에 빠진 동전을 찾았다.'라든가 '마약에 빠지면 돌이킬 수 없다.'처럼 활용합니다. 관용어나 속담에도 '빠지다'라는 낱말이 들어갑니다. '귀 빠진 날(세상에 태어난 날)'이나 '목이 빠지게 기다리다(몹시 안타깝게 기다린다)'처럼 관용어에서 활용되기도 하고 '이빨 빠진 호랑이(이전의 세력을 모두 잃어버린 무능력한 사람)'나 '밑 빠진 독에 물 붓기(아무리 애를 써도 소용없는 일)'처럼 속담에서 다루기도 합니다.

▶ **정답 지도 시 주의할 점** 정답에 구애받지 말고, 낱말의 뜻을 바탕으로 자신이 쓰고 싶은 글을 마음껏 써 보도록 해 주세요.

**❷**

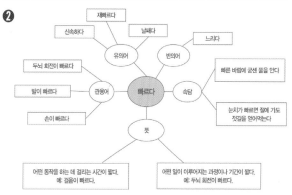

'빠르다'는 '걸음이 빠르다.'에서처럼 '어떤 동작을 하는 데 걸리는 시간이 짧다'나 '두뇌 회전이 빠르다.'에서처럼 '어떤 일이 이루어지는 과정이나 기간이 짧다'라는 뜻을 가지고 있습니다. 유의어로 '재빠르다, 신속하다, 날쌔다'가 있고, 반의어는 '느리다'입니다. '발이 빠르다, 손이 빠르다(일 처리나 어떠한 조치를 신속히 해낸다)'와 같은 관용어에서 활용되기도 합니다. 그리고 '빠른 바람에 굳센 풀을 안다(시련을 겪고 나서 마음의 굳은 의지와 절개가 더욱 뚜렷하게 나타난다)'나 '눈치가 빠르면 절에 가도 젓갈을 얻어먹는다(눈치가 있으면 어디 가도 군색한 일이 없다)'와 같이 속담에서 사용되기도 합니다.

# 03 사전을 활용한 주제별 글쓰기 - ① 동화

**연습하기**

**1**

| 낱말 | 뜻과 예문 |
|---|---|
| ❶ 동심 | **童心**, 어린아이의 마음 |
| | 동심의 세계 |
| ❷ 각색 | 서사시나 소설 따위의 문학 작품을 희곡이나 시나리오로 고쳐 쓰는 일 |
| | 이 영화는 원작자가 직접 각색을 맡은 작품이다. |
| ❸ 삭제하다 | 깎아 없애거나 지워 버리다. |
| | 서류의 잘못된 부분을 삭제하다. |
| ❹ 원작 | 본디의 저작이나 제작 |
| | 동화를 원작으로 하는 작품 |
| ❺ 설화 | 있지 아니한 일에 대하여 사실처럼 재미있게 말함. 또는 그런 이야기 |
| | 이 지역에는 아주 오래전부터 내려오는 설화가 있다. |
| ❻ 경고 | 조심하거나 삼가도록 미리 주의를 줌. 또는 그 주의 |
| | 접근하지 말라는 경고를 무시하고 가까이 다가갔다. |
| ❼ 제작되다 | 재료를 가지고 기능과 내용을 가진 새로운 물건이나 예술 작품이 만들어지다. |
| | 사람은 도구를 제작하고 사용할 줄 아는 동물이다. |
| ❽ 역경 | 일이 순조롭지 않아 매우 어렵게 된 처지나 환경 |
| | 주인공이 역경에 처하다. |
| ❾ 실사 | **實寫**, 실물, 실경(實景), 실황 따위를 그리거나 찍음. 또는 그런 그림이나 사진 |
| | 실사 영화 |

**직접 써 보기**

**1**

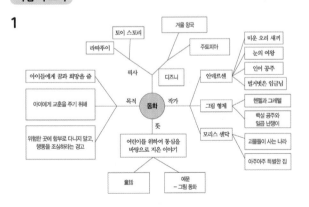

▶ 정답 지도 시 주의할 점  스스로 '동화'를 조사해서 마인드맵을 완성하면 더 좋은 글을 쓸 수 있어요. '동화'에 관해 조사한 내용 중 관심이 있는 내용으로 글을 써도 된다는 것을 아이에게 알려 주세요.

**2**　동화는 '아이를 뜻하는 동(童)'과 '말씀이나 이야기를 뜻하는 화(話)'가 합쳐진 낱말로, '어린이를 위하여 동심을 바탕으로 지은 이야기'를 말합니다. 사전에 '대체로 공상적·서정적·교훈적인 내용으로 되어 있다'라는 말이 추가로 들어간 것처럼 대부분의 동화는 재미있고 유익한 내용으로 이루어져 있습니다.

하지만 예전의 동화는 아이에게 꿈과 희망을 주기 위한 목적이 아니었습니다. 〈헨젤과 그레텔〉과 〈백설 공주와 일곱 난쟁이〉 원작만 보더라도 잔인하고 선정적인 내용이 많습니다. 그 시절 동화를 읽는 목적은 위험한 곳에 함부로 다니지 말고, 조심히 행동하라는 것을 아이가 알게 하기 위해서였기 때문입니다.

이러한 동화가 19세기 안데르센이 등장하면서 바뀌게 되었습니다. 아름답고 서정적인 동화의 열풍이 불기 시작한 것입니다. 특히 안데르센이 직접 창작한 〈인어 공주〉가 여러 나라에서 호평을 얻으면서 여러 작가가 자신만의 특색이 담긴 기발한 이야기를 동화로 옮기게 되었습니다.

20세기에 활약했던 모리스 센닥만 보더라도 자신만의 독특한 작품 세계를 가지고 있습니다. 〈괴물들이 사는 나라〉나 〈아주아주 특별한 집〉 등 모리스 센닥은 우리가 잘 알고 있는 재미있는 동화를 많이 썼습니다. 모리스 센닥뿐만 아니라 수많은 동화 작가가 지금도 글을 쓰고 있습니다. 앞으로 더욱 창의적이고 색다른 동화를 만났으면 하는 바람입니다.

## 04 사전을 활용한 주제별 글쓰기 – ② 전통(민속촌)

······ pp. 74~77

**연습하기**

1

| | 낱말 | 뜻과 예문 |
|---|---|---|
| ❶ | 생생히 | 바로 눈앞에 보는 것처럼 명백하고 또렷하게 |
| | | 생생히 기억하다. |
| ❷ | 반가 | 班家, 양반의 집안 |
| | | 반가의 법도 |
| ❸ | 유기 | 鍮器, 놋쇠로 만든 그릇 |
| | | 안성의 유기는 예로부터 유명하다. |
| ❹ | 공방 | 工房, 공예품 따위를 만드는 곳 |
| | | 공방에서 특수한 봉제 기술을 만들어 냈다. |
| ❺ | 자문 | 諮問, 어떤 일을 좀 더 효율적이고 바르게 처리하려고 그 방면의 전문가나, 전문가들로 이루어진 기구에 의견을 물음 |
| | | 자문에 응하다. |
| ❻ | 재현하다 | 再現하다, 다시 나타나다, 또는 다시 나타내다. |
| | | 백여 년 전의 농촌을 재현한 마을에 관광객이 줄을 이었다. |
| ❼ | 국궁 | 國弓, 우리나라의 활. 또는 그 활을 쏘는 기술 |
| | | 국궁 수련은 처음에 약한 활부터 시작한다. |
| ❽ | 고즈넉하다 | 고요하고 아늑하다. |
| | | 고즈넉한 산사 |
| ❾ | 상호 작용 | 相互作用, 생물체 부분들의 기능 사이나, 생물체의 한 부분의 기능과 개체의 기능 사이에서 이루어지는 일정한 작용 |
| | | 사람들은 상호 작용하며 살아간다. |

**직접 써 보기**

1

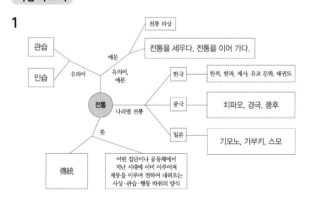

2 온고지신(溫故知新)이란 말이 있습니다. '익히다·학습하다 온(溫), 옛날·옛일 고(故), 알다 지(知), 새·새로운 신(新)'으로 이루어진 사자성어로 '옛것을 익히고 그것을 미루어서 새것을 앎'이란 뜻을 가집니다.

이 사자성어의 의미는 무엇일까요? 전통을 마냥 나쁜 것으로 치부해 버리던 시절이 있었습니다. 선부르게 들어온 새로운 문화가 우리 문화를 뿌리째 흔들었습니다. 하지만 세상은 혼자 사는 것이 아니라 젊은 사람들과 나이 든 사람이 함께 살아가는 곳입니다. 전통을 마냥 배척하고 새로운 것만 받아들이거나 새로운 것을 무조건 나쁘다고 치부하고 전통만 고수하는 것 모두 바람직하지 않습니다.

서양의 문물이 급격히 우리 문화를 잠식하던 때가 있었습니다. 우리나라의 모든 전통은 나쁘다고 인식했고, 새로운 문물은 무조건 좋다고 생각했습니다. 하지만 지금은 어떻습니까? 한복은 새로운 개성을 입혀 아름다운 옷으로 탈바꿈했고, 우리 음식은 외국에서도 잘 팔리는 하나의 문화가 되었습니다. 유교 문화도 무조건 나쁜 것이 아닙니다. 웃어른께 예절을 지키고 남녀 사이에 어느 정도 격을 갖추는 것은 사회생활을 잘할 수 있는 좋은 태도입니다.

전통은 '어떤 집단이나 공동체에서 지난 시대에 이미 이루어져 계통을 이루며 전하여 내려오는 사상·관습·행동 따위의 양식'을 나타냅니다. 사람들이 여러 세대에 걸쳐 '전통'을 내세우는 데는 이유가 있습니다. 그러므로 온고지신의 마음으로 옛것에 바탕을 두고, 새로운 것을 받아들인다면 신구가 조화롭게 발달할 것입니다. 앞으로 전통을 아끼고 새로운 문화를 적극적으로 받아들여 더 좋은 문화를 창조해 갑시다.

## 05 사전을 활용한 주제별 글쓰기 – ③ 민주주의

······pp. 78~81

**연습하기**

**1**

| 낱말 | 뜻과 예문 |
|---|---|
| ❶ 유리하다 | 有利하다, 이익이 있다. |
| | 기온이 높고 비가 많은 여름 계절풍은 벼농사에 특히 유리하다. |
| ❷ 주목받다 (주목하다) | 注目하다, 관심을 가지고 주의 깊게 살피다. |
| | 전할 사항이 있으니 모두 나를 주목해라. |
| ❸ 지향하다 | 志向하다, 어떤 목표로 뜻이 쏠리어 향하다. |
| | 복지 국가를 지향하다. |
| ❹ 존엄성 | 尊嚴性, 감히 범할 수 없는 높고 엄숙한 성질 |
| | 인간의 존엄성을 짓밟다. |
| ❺ 이념 | 理念, 이상적인 것으로 여겨지는 생각이나 견해 |
| | 아름답고 숭고한 이념 |
| ❻ 간섭 | 干涉, 직접 관계가 없는 남의 일에 부당하게 참견함 |
| | 남의 일에 지나친 간섭을 하지 말라. |
| ❼ 동등하다 | 同等하다, 등급이나 정도가 같다. |
| | 동등하게 대접하다. |
| ❽ 원리 | 原理, 행위의 규범 |
| | 우리는 민주주의의 원리를 바르게 이해하고 실천해야겠다. |
| ❾ 참여하다 | 參與하다, 어떤 일에 끼어들어 관계하다. |
| | 단풍제에 참여하였다. |

**직접 써 보기**

**1**

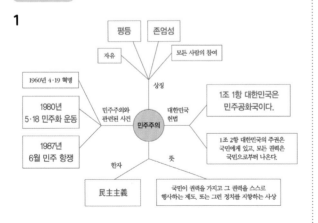

**2** '백성 민(民), 주인 주(主), 옳을 의(義)'로 이루어진 '민주주의'는 '국민이 권력을 가지고 그 권력을 스스로 행사하는 제도, 또는 그런 정치를 지향하는 사상'을 말합니다. 이러한 인식을 가지고 만든 대한민국 헌법 제1조 1항에는 '대한민국은 민주공화국이다.'가, 제1조 2항에는 '대한민국의 주권은 국민에게 있고, 모든 권력은 국민으로부터 나온다.'가 기록되어 있습니다. 민주주의는 대한민국을 이루는 기본 뼈대인 것입니다.

민주주의의 원리와 원칙이 지켜지려면 모든 사람이 자유롭고 평등하게 의사 결정 과정에 참여할 수 있어야 합니다. 남녀노소, 직업 및 사회적 계급·계층의 차이를 가리지 않고, 평등하게 정치에 참여할 수 있는 수단, 그것은 과연 무엇일까요? 바로 '선거'입니다. '선거'는 민주주의의 기본이고, 핵심인 것입니다.

하지만 우리나라는 이 선거가 부정적으로 치러지거나 선거 없이 권력을 잡은 적이 많습니다. 1960년 4·19 혁명은 이승만의 3·15 부정 선거 때문에 발생한 사건입니다. 또, 박정희도 선거를 통해 올바르게 대통령이 된 것이 아니라 군대와 탱크로 쿠데타를 일으켜서 그 자리를 차지했습니다. 1980년 5·18 민주화 운동은 전두환의 12·12 군사 쿠데타에 대한 분노로 일어난 역사적 사건이었습니다.

우리나라는 1987년 6월 민주 항쟁을 통해 대통령을 국민의 손으로 직접 뽑을 수 있는 길이 열렸습니다. 우리나라에서 거의 최초로 올바른 민주 선거를 치르게 된 것입니다. 이 6월 민주 항쟁 이후로 우리나라는 5년에 한 번씩 대통령 선거를 규칙적으로 치르는 나라가 되었습니다.

대한민국의 민주주의는 국민의 손으로 오랜 시간 다듬어졌습니다. 그리고 모든 사람의 자유와 평등을 지켜 주는 제도로 지금도 계속 발전하고 있습니다.

## 01 원고지 쓰기 ........................ pp. 84~89

> ▶ 정답 지도 시 주의할 점 84쪽 제목인 'Cogito, ergo sum'은 라틴어로 '나는 생각한다(Cogito), 고로(ergo), 나는 존재한다(sum)'는 뜻이라고 알려 주세요.

**연습하기**

**1**

```
                    뜨 거 운     여  름
                         사  람 초 등 학 교
          6 학  년     8 반     이 진 경

    " 진 경 아 ,     수 박     먹 어 라 . "
    뜨 거 운     여 름 ,     엄 마 가         나 를     불
렀 다 .   요 즘     여 름 은     어 찌 나         뜨 거
운 지     모 르 겠 다 .   후 덥 지 근 하 고 ,     죽
겠 고 ,   땀 이     흐 르 고 ,     잠 을     못     자
고 … … .   계 속 된     악 순 환 의     연 속 이
다 .   에 어 컨 ,   선 풍 기 ,   수 박 ,   팥 빙 수
가     없 으 면     여 름 을     어 떻 게     버 틸 V
수     있 을 까 ?     알 다 가 도     모 를     일
이 다 .   이 렇 게     더 운     여 름 에     가 장 V
강 력 한     태 풍 이     내 일 부 터     들 이 닥
친 다 고     한 다 .   이 렇 게     태 양 이     쨍
쨍 한 데 ?     알 다 가 도     모 를     일 이 다 .
```

**직접 써 보기**

**1** 이사, 물건 정리하기, 쓰레기 버리기, 집 보러 오는 사람, 새로운 집

**2**

| 이사 준비 | 이사 갈 날이 정해짐, 물건 정리, 쓰레기 버리기 |
|---|---|
| 이사 가는 날 | 이삿짐센터, 바쁜 하루, 점심의 짜장면 |
| 이사에 대한 감상 | 새로운 장소에 대한 기대감 |

**3**

> 〈제목〉 → 새로운 이동
>
> 〈학교 학년 반 이름〉 → 사람초등학교 6학년 9반 박혜민
>
> 　꼼꼼하게 물건 정리를 시작했다. 드디어 열흘 앞으로 다가온 이사 날. 내 방에 있는 물건을 우선 정리하기로 했다.
> 　"무슨 물건이 이렇게 많아? 이런 거는 갖다 버리렴."
> 　엄마의 잔소리와 함께 시작한 방 정리. 정말 내가 봐도 엄청난 양이었다. 이사 날이 되자 아침부터 바쁜 하루가 시작되었다. 이삿짐센터에서도 일찍부터 와서 물건을 날랐다. 이사 하면서 먹는 점심 짜장면은 정말 꿀맛이었다. 아직 정리가 다 되지는 않았지만, 새로운 장소에서 시작하는 나의 New 인생이 정말 기대가 된다.

**4**

```
                    새 로 운     이 동
                         사  람 초 등 학 교
          6 학  년     9 반     박 혜 민

    꼼 꼼 하 게     물 건     정 리 를     시 작 했
다 .   드 디 어     열 흘     앞 으 로     다 가 온 V
이 사     날 .   내     방 에     있 는     물 건 을 V
우 선     정 리 하 기 로     했 다 .
    " 무 슨     물 건 이     이 렇 게     많 아 ? V
    이 런     거 는     갖 다     버 리 렴 . "
    엄 마 의     잔 소 리 와     함 께     시 작 한 V
방     정 리 .   정 말     내 가     봐 도     엄 청
난     양 이 었 다 .   이 사     날 이     되 자
아 침 부 터     바 쁜     하 루 가     시 작 되 었
다 .   이 삿 짐 센 터 에 서 도     일 찍 부 터
와 서     물 건 을     날 랐 다 .   이 사     하 면
서     먹 는     점 심     짜 장 면 은     정 말
꿀 맛 이 었 다 .   아 직     정 리 가     다     되
지 는     않 았 지 만 ,   새 로 운     장 소 에 서 V
시 작 하 는     나 의     N ew     인 생 이     정
말     기 대 가     된 다 .
```

## 02 교정 부호 – ① 교정 부호 알기 ·············· pp. 90~91

**연습하기**

### 1

**❶**

> 앳된 얼굴을 가진 그녀는 어줍잖은데가 있었지만, 마음이 아름다워서 모두의 아름다운 사랑을 받았다.

**❷**

> 수진이영한철이는 해수로육장에 가서 신 나게 놀고 나서 밤에는 모닥불을 폈다.

### 2

**〈제시된 문단〉**

> "스마트폰 그만좀 해라. 저녁 밥 먹고 나서 그것만 하고 앉아있네."
> 엄마의 호령이 오늘도 떨어졌다. 학원까지 다녀 와서 밥 먹고, 잠깐 하는 것만으로도 나에게 엄마는 뭐라고 한다. '흥! 나도 스마트폰 많이 하면 안 좋다는 걸 알고 있다고' 엄마 말에 들은체도 하지 않고, 스마트폰 게임에 집중했다.
> 엄마는 나에게 으르렁 거리다가 마트에 갔다 온다고 나갔다. 야호……. "어?" 현관문이 자료료 열린다. 아! 엄마가 나간 지 20분이나 지났는데, 난 스마트폰에 빠져서 그 시간이 흐른줄도 몰랐다. 갑작스레
> 스마트폰만 하면 시간은 순식 간에 지나간다.

## 03 교정 부호 – ② 원고지에 교정 부호 연습하기
·····pp. 92~97

**연습하기**

### 1

**❶**

**〈제시된 문단〉**

|  | 지 | 리 | 산 | 은 |  | 소 | 백 | 산 | 맥 | 에 | 서 |  | 뻗 | 어 | 나 |
|와|  | 경 | 상 | 남 | 도 | 전 | 라 | 북 | 도 | 전 | 라 | 남 | 도 | 에 |
|걸|쳐|있|는|  | 산 | 이 | 다 | . |  | 가 | 장 |  | 높 | 은 |  | 봉 |
|오|리|는|  | 천 | 왕 | 봉 | 으 | 로 |  | 높 | 이 | 는 |  | 1,|91|5m|
|이|다|.|  | 지 | 리 | 산 | 은 |  | 민 | 족 | 의 |  | 영 | 대한민국에서 |
|로|  | 불|리|우|는|  | 산 | 으 | 로 |  | 19 | 67 | 년 |  | 최 |
|초|로|  | 태|한|민|국|  | 명 | 산 |  | 국 | 립 | 공 | 원 | 으 |
|로|  | 지 | 정 |  | 되 | 었 | 다 | . |  | 지 | 리 | 산 |  | 국 | 립 | 공 |
|원|  | 홈 | 페 | 이 | 지 | 에 | 는 |  | " | 이 | 질 | 적 | 인 |  | 문 |
|화|를|  | 가 | 진 |  | 동 | 과 |  | 서 |  | 영 | 남 | 과 |  | 호 |
|남|이|  | 서 | 로 |  | 만 | 나 | 는 |  | 지 | 리 | 산 | 을 |  | 단 |
|순|히|  | 크 | 다 | . | 깊 | 다 | . | 넓 | 다 | 는 |  | 것 | 만 | 으 | 로 |
|는|  | 표 | 현 | 할 | 수 | 없 | 는 |  | 엄|청|난 |  | 매 | 력 | 이 |
|있|는|  | 곳 | 이 | 다 | . | " |  | 소개하고 있다 |
|  | 라 | 고 |  | 지 | 리 | 산 | 을 |  | 표|현|한|다 | . |

**❷**

**〈제시된 문단〉**

|  | 비 |  | ( | 比 | ) | 란 |  | 어 | 떤 |  | 두 | 개 | 의 |  | 수 | V |
|또|는|  | 양 | 을 |  | 서 | 로 |  | 비 | 교 | 하 | 여 |  | 몇 | 배 | 인 |
|가|를|  | 나 | 타 | 내 | 는 |  | 관 | 계 | 입 | 니 | 다 | . |  | 보 |
|통|  | 기 | 호 |  | : |  | ( | 쌍 | 점 | ) | 을 |  | 사 | 용 | 하 |
|여|  | 표 | 현 | 합 | 니 | 다 | . |  | 4 | 와 |  | 5 | 의 |  | 비 |
|를|  | 4 | : | 5 | 라 |  | 쓰 | 고 |  | 4 | 대 | 5 | 라 | 고 |
|읽|습|니|다|.|  | 이 | 것 | 은 |  | ' | 4 | 의 | 5 | 에 |
|' | 4 | 의 | 5 | 에 |  | 대 | 한 |  | 비 | , | 5 | 에 |
|대|한|  | 4 | 의 |  | 비 | ' | 라 | 고 |  | 말 | 하 | 기 | 도 |
|합|니|다|.|  | 4 | : | 5 | 에 | 서 |  | 기 | 호 |  | : | 의 |
|오|른|  | 쪽 | 에 |  | 있 | 는 |  | 5 | 는 |  | 기 | 준 | 량 | 이 |
|라|고|  | 하 | 고 | , |  | : | 의 |  | 왼 |  | 쪽 | 에 |  | 있 |
|는|  | 4 | 는 |  | 비 | 교 | 하 | 는 |  | 양 | 입 | 니 | 다 | . |  | 3 |
|에|  | 대 | 한 |  | 1 | 의 |  | 비 | 라 | 고 |  | 하 | 면 |  | 기 |
|준|량|이|  | 3 | , |  | 비 | 교 | 하 | 는 |  | 양 | 이 |  | 1 |
|라|고|  | 할 |  | 수 |  | 있 | 습 | 니 | 다 | . |

**직접 써 보기**

### 1

|  | 공 | 을 |  | 던 | 지 | 는 |  | 활 | 동 | 은 |  | 다 | 양 | 한 |
|게|임|에|서|  | 중 | 요 | 하 | 다 | . |  | 야 | 구 | , |  | 농 | 구 | , |
|피|구|, |  | 럭 | 비 |  | 등 |  | 공 | 을 |  | 던 | 질 |  | 때 |
|정|확|하|게 |  | 던 | 지 | 는 |  | 것 | 이 |  | 게 | 임 | 의 |
|승|패|를 |  | 가 | 르 | 는 |  | 경 | 우 | 가 |  | 많 | 다 | . |  | 공 |
|의 |  | 크 | 기 | 와 |  | 모 | 양 | , |  | 던 | 지 | 는 |  | 방 | 법 | 이 | V |
|다|른|  | 체 | 육 |  | 활 | 동 | 에 | 서 |  | 공 | 을 |  | 잘 |
|던|지|려|면 |  | 어 | 떻 | 게 |  | 해 | 야 |  | 할 | 까 | ? |
|공|을|  | 잘 |  | 던 | 지 | 기 |  | 위 | 해 | 서 | 는 |  | 원 | 하 |
|는 |  | 방 | 향 | 을 |  | 정 | 확 | 하 | 게 |  | 조 | 준 | 해 | 야 |
|한|다|.|  | 그 | 리 | 고 |  | 원 | 하 | 는 |  | 곳 | 까 | 지 |  | 공 |
|이 |  | 다 | 다 | 르 | 기 |  | 위 | 해 | 서 |  | 힘 |  | 조 | 절 | 도 | V |
|중|요|하|다|.|  | 공 | 의 |  | 크 | 기 | 에 |  | 따 | 라 |  | 던 |
|지|는 |  | 방 | 법 | 을 |  | 달 | 리 | 하 | 면 |  | 성 | 공 | 률 | 을 | V |
|더|욱|  | 높 | 일 |  | 수 |  | 있 | 다 | . |

### 2

여러 가지

|  | 공 | 을 |  | 던 | 지 | 는 |  | 활 | 동 | 은 |  | 다 | 양 | 한 |
|게|임|에|서 |  | 중 | 요 | 하 | 다 | . |  | 야 | 구 | , |  | 농 | 구 | , |
|피|구|, |  | 럭 | 비 |  | 등 |  | 공 | 을 |  | 던 | 질 |  | 때 |
|정|확|하|게 |  | 던 | 지 | 는 |  | 것 | 이 |  | 경 | 기 | 의 |
|승|패|를 |  | 가 | 르 | 는 |  | 경 | 우 | 가 |  | 많 | 다 | . |  | 공 |
|의 |  | 크 | 기 | 와 |  | 모 | 양 | , |  | 던 | 지 | 는 |  | 방 | 법 | 이 | V |
|다|른|  | 체 | 육 |  | 활 | 동 | 에 | 서 |  | 공 | 을 |  | 잘 |
|던|지|려|면 |  | 어 | 떻 | 게 |  | 해 | 야 |  | 할 | 까 | ? |

공을 바르게(잘) 던지기 위해서는 원하
는 방향을 정확하게(똑바로 겨냥한다) 원하
한다. 그리고(또) 원하는 곳까지 공
이 (다다르게 하기) 필요하다(중요하다) 힘 조절도
지는 방법을 달리하면 성공률을
(조금 더) 높일 수 있다.

**3** 실내화, 체육관, 급식실, 규칙, 선생님, 훈계, 혼남

**4**

| | |
|---|---|
| 4교시 체육 시간 | 4교시 체육 시간이 끝나면 급식실로 밥을 먹으러 감. 실내화를 갈아 신기 위해서 다시 4층 교실에 돌아가기가 무척 힘듦. 선생님께서 운동화 위에 덧신을 신고 급식실로 가라고 배려해 주심 |
| 규칙 어기기 | 덧신을 신는 것도 귀찮은 나. 체육관으로 실내화를 신고 뛰어감. 나 혼자만 실내화, 아이들은 운동화를 신음 |
| 선생님께 혼남 | 실내화를 신은 나를 본 선생님. 학교는 규칙을 지켜야 하는 곳이라는 훈계를 들음 |

**5**

"이지아, 혼자만 실내화를 신
고 체육관에 가면 되겠어?" 라
는 선생님의 불호령이 떨어졌다.

모든 아이가 운동화를 신고 체
육관에 왔는데 나만 홀로 실내
화를 신은 것이다. 왜? 이유는
4교시 체육 시간에 있다. 4교
시가 끝나면 밥을 먹는데, 체육
을 하면 다시 4층으로 돌아와
서 실내화를 갈아 신어야 한다.
선생님께서 우리를 배려해 주
신다고 운동화 위에 덧신을 신
고, 급식실에 가자고 말씀하셨
다. 하지만 나는 그것도 귀찮았다.
결국 실내화를 신은 내 모습을
발견한 선생님께 훈계를 들어야
했다.
"지아야, 실내화를 신으면 편
할 거야. 그런데 혼자만 그러
면 다른 아이들이 내 말을
들을까? 학교는 혼자만 편할
수가 없는 곳이란다."

▶ **정답 지도 시 주의할 점** 따옴표 문장은 문장을 시작할 때와 줄이 바뀔 때 첫 칸을 비우고 씁니다. 하지만 따옴표 문장 다음에 '-라고, -고, -라는' 등의 이어지는 말이 나오면 줄이 바뀔 때 첫 칸을 비우지 않는다는 것을 아이에게 알려 주세요.

# 5단원 장르 및 목적에 따라 글쓰기 (1)

## 01 생활문 쓰기 ·························· pp. 100~103

**연습하기**

**1** 이 마음이 우유에 손이 가게 만들었다. 과감히 우유를 열고 한 모금! 웩! 최악이다. 우유 한 모금 마셨을 뿐인데 속은 느글느글하고, 토할 것 같다. 비릿한 냄새 때문에 다시는 우유에 입을 대기 싫다.

그래도 키가……. 두 모금! 웩! 너무해! 세 모금은 도저히 들이켤 수 없었다.

**직접 써 보기**

**1** 소풍

**2** 11월의 현장 학습, 안전 체험관, 춥다, 점심 먹기, 교실로 돌아오기, 교실에서 먹은 점심, 자유 시간

**3**

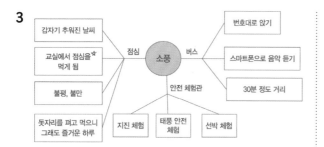

갑자기 추워진 날씨 / 점심
교실에서 점심을★ 먹게 됨
불평, 불만
돗자리를 펴고 먹으니 그래도 즐거운 하루 / 소풍 / 버스
번호대로 앉기
스마트폰으로 음악 듣기
30분 정도 거리 / 안전 체험관
지진 체험 / 태풍 안전 체험 / 선박 체험

**4** **글을 쓰는 목적**–소풍에서 있었던 사건을 재미있게 전달하고 싶다.

**글을 읽는 사람**–반 친구들

**글의 주제**–소풍, 점심 식사의 추억

**5** 11월 24일, 드디어 현장 체험 학습 날이 다가왔다. 인성 수련, 꿈 축제, 운동회 등 갖가지 행사로 바빴던 우리는 현장 체험 학습을 유난히 늦게 가게 됐다(보통 다른 학교는 10월에 간다고 한다).

그런데 웬걸? 아침부터 강추위가 우리를 찾아왔다. 지난주까지만 해도 어느 정도 따뜻했는데 주말부터 비가 오기 시작하더니 기온은 내려가고 바람은 매서워졌다. 스마트폰으로 음악을 들으며 안전 체험관으로 버스를 타고 가는 와중에도 날씨에는 전혀 변화가 없다.

안전 체험관은 따뜻했지만 실내에서 음식물을 섭취할 수 없다는 규정이 있었다. 그래서 밖으로 나갔는데 엄청난 바람이! 그래도 친구들과 마구 뛰어다니니까 좀 나아져서 여기서 점심을 먹어도 상관이 없을 것 같았다. 하지만 마음을 찌르는 선생님의 한 마디.

"어쩔 수 없이 학교로 돌아가서 점심을 먹기로 결정됐어요. 아쉽지만 여러분 건강을 위한 일이니까 조금만 이해해 주세요."

나를 비롯해 거의 모든 아이 입에서 불평·불만이 터져 나왔다. "먹을 수 있어요! 먹게 해 주세요!" 소풍을 왔는데 어떻게 점심을 교실에서 먹을 수 있단 말인가?

하지만 이런 불평에도 불구하고 버스가 왔고, 우리는 울며 겨자 먹기로 학교에 되돌아왔다. 교실 책상들을 한쪽으로 밀고 돗자리를 펴기 시작했다. 와! 이러니까 다시 소풍 분위기가 났다. 선생님과

아이들이 함께 사진도 찍고 맛난 김밥도 나누어 먹었다. 밖이 너무 추웠기 때문에 교실 안에서 자유 시간을 보내는 것도 나쁘지 않았다. 교실에서 친구들과 함께 이야기를 나누고 사진을 찍는 것은 또 다른 재미가 있었다.

아까는 마음에 불만이 가득했지만 교실 안의 점심 식사는 나름 분위기 있었다. 하교 시간이 조금 남아서 영화도 보고, 친구들과 보드게임도 했다. 다른 학년 학생들은 우리가 반에서 김밥을 먹는 것을 보고 너무 부러워했다. 꿀맛 같은 점심이었다. 이번 소풍처럼 한 번씩 이렇게 김밥을 싸 와서 친구들과 학교에서 나누어 먹는 시간을 가지면 좋겠다고 생각했다.

최고의 소풍이었다.

▶ 정답 지도 시 주의할 점 생활문 중간에 대화를 넣으면 더 생생한 글을 쓸 수 있어요. 재미있게 쓴다고 해서 과장하거나 겪지 않은 내용을 쓰면 안 된다는 것을 지도해 주세요.

## 02 기행문 쓰기 ·················· pp. 104~107

**연습하기**

**1** 바다와 맞닿아 있는 섬, 여수. 아기자기하게 꾸민 집들 아래 펼쳐진 아름다운 해안선과 영롱한 빛깔의 바다가 내 마음을 설레게 만들었다. 케이블카를 타면서 바다를 걷는 듯한 그 느낌을 잊을 수가 없다. 엄마의 환한 웃음과 그 웃음을 보면서 느꼈던 작은 행복. 여수의 전부를 볼 수는 없었지만 그래도 행복한 마음과 여유를 한껏 느꼈던 여행이었다. 꼭 다시 와서 고소동 벽화마을과 향일암도 보고 싶다. 고마워, 여수!

**직접 써 보기**

**1** **여행 갔던 곳**–완도, 장보고 기념관

**그곳에 간 이유**–완도 전복을 맛보기 위해서, 장보고 대사의 업적을 알기 위해서

**글을 읽는 사람**–완도에 가고 싶은 사람, 장보고 대사

에 대해 알고 싶은 사람

**2** 작은 섬 완도, 완도 타워, 바다의 짠 내, 생선, 미역, 전복, 섬, 다도해 해상 국립공원, 청산도, 보길도, 완도 여객 터미널, 완도항, 장보고 기념관, 장도, 장보고 동상, 엄청나게 큰 동상, 동백꽃, 목재교

> ▶ **정답 지도 시 주의할 점** 기행문은 꼭 먼 곳으로 다녀온 여행을 소재로만 쓰는 글은 아니에요. 주말에 갔던 나들이, 학교에서 갔던 소풍, 친척 집에 놀러 갔던 일 등도 기행문의 소재가 될 수 있음을 알려 주세요.

**3**

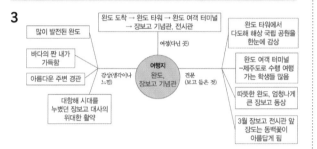

**4** 　드디어 완도에 도착했다. 생선, 미역, 굴 향까지 바다의 짠 내가 확 느껴졌다. 부산의 자갈치 시장에서 맡을 법한 냄새가 완도에서는 더욱 강렬했다. 가장 먼저 푸른 빛이 넘실대는 바다 앞에서 완도의 명물, 전복을 먹었다. 역시 완도까지 와서 전복을 먹는 이유가 있다. 최고의 별미 전복으로 배를 채우고 몸을 움직이는 센스!

　항구 앞에 보이는 큰 타워, 완도 타워까지 부른 배를 부여잡고 천천히 걸었다. 완도 타워는 주변 경관(다도해 해상 국립공원)과 아름답게 조화를 이루고 있다. 그리고 완도 타워 위에서 보는 다도해 해상 국립공원은 완벽하다는 말이 절로 나왔다. '이렇게 아름다운 경관이 있을까?'라고 느낄 정도였다.

　다음으로 완도 여객 터미널에 가서 보길도로 가는 배 시간을 확인했다. '왜 이렇게 학생이 많은 걸까?' 주변에 이유를 여쭤보니 완도 여객 터미널에 제주도로 가는 배편이 있어서 가까이 있는 학교에서 수학여행을 가기 위해 이쪽으로 많이 온다고 한다. '해상 교통의 중심지 완도'라는 생각이 들었다.

　보길도 배편을 예약하고, 장보고 기념관에 들렀다. 장보고 기념관에 차를 타고 가면서 깜짝 놀랐

다. 저 멀리서 큰 장보고 동상(56톤)이 나를 반겨 주었기 때문이다. 세종대로에 있는 이순신 장군보다 몇 배는 큰 장보고가 칼을 들고 우리를 향해 "싸워라!" 하고 부르짖는 것 같았다. 장보고 동상을 직접 본다면 내 말이 실감 날 것이다.

　장보고 기념관은 깔끔하게 정리되어 있었다. 대항해 시대를 살던 여러 바다 영웅에 대해서 자세히 정리되어 있었고, 장보고의 일대기도 하나, 하나 정성 들여서 만든 느낌이 났다. 기념관 앞에 있는 장도(청해진이 설치되었던 곳)는 동백꽃이 펴서 눈을 즐겁게 했다. 장보고 대사도 동백꽃을 바라보며 해상 왕을 꿈꿨겠지? 기념관에서 장도까지 연결된 목재교는 이곳 풍광을 한층 돋워 주었다. 목재교를 걸으면서 행복한 감정이 솟아올랐다. 아름다운 섬과 함께 장보고 대사의 일생을 조금이나마 이해했기 때문이다. 대항해 시대를 누볐던 장보고 대사의 위대한 활약을 깊이 있게 감상할 수 있었던 뜻깊은 하루가 된 것 같다.


## 03 극본 쓰기 ·························· pp. 108~111

**연습하기**

**1** ❶ 해설, 대사, 지문 ▶ 순서가 바뀌어도 됩니다.
　❷ 대사
　❸ 지문
　❹ 해설

**2** ❶ 할아버지, 할머니, 토끼
　❷ 나무를 베고 있다
　❸ 나무를 베며
　❹ 아싸! 호랑나비, 한 마리가! 일이 끝나니 절로 콧노래가 흐르는구나.

**직접 써 보기**

**1** ❶ 할아버지는 집에 도착해서 밥도 먹지 않고, 그대로 앓아눕는다. 시간은 흐른다.

❷ 할머니는 할아버지에게 아픈 이유를 묻는다. 할아버지는 삼 년 고개에서 넘어졌다는 말을 하고, 할머니는 웃으며 삼 년 고개에서 몇 번 더 넘어지라고 말을 한다.

**2 인상 깊게 표현하고 싶은 장면**—할아버지가 토끼에게 놀라는 장면
**이유**—'토끼'라는 등장인물을 부각시키고, 그 장면을 통해 관객에게 웃음을 주고 싶다.

**3 할아버지**—할머니를 많이 아끼고, 사랑한다.
**할머니**—삼 년 고개에 대한 해결책을 들으니 무척 지혜로운 것 같다.
**토끼**—할아버지를 놀래 주려고 한다. 자신의 행동을 반성한다.

**4 작가**—오아빈

**등장인물**—할아버지, 토끼
**때**—옛날 옛적
**곳**—삼 년 고개

할아버지: 에구, 드디어 나무 베기를 끝냈구나. 이제 집에 가서 예쁜 마누라랑 밥 먹어야지. 영차!

(삼 년 고개와 나무 뒤에 숨은 토끼에 무대 조명이 비춘다.) 삼 년 고개, 삼 년 고개에서 넘어지는 사람은 삼 년 안에 목숨을 잃는다는 무서운 미신이 있었습니다.

토끼: 히힛! 지난번에 나에게 물을 나눠 준 할아버지네! 반가우니까 깜짝 놀래 줘야지.

(할아버지가 삼 년 고개 중반쯤 지났을 때 토끼가 깜짝 등장한다.)

토끼: (즐겁게 춤을 추며 등장) 할아버지! 앗싸! 오예, 오예, 오예, 오예!
할아버지: (깜짝 놀라며 엉덩방아를 찧는다.) 어헉! 이게 뭐야!

토끼: 할아버지, 저예요. 토끼. 깜짝 놀라셨죠? 할아버지 이 춤 좀 보세요.

(토끼는 재미있는 춤을 춘다. 할아버지는 웃다가 땅에 손을 짚은 자신을 보고 깜짝 놀란다.)

할아버지: 허허, 그래. 토끼구나! (땅을 짚고 있는 자신을 보며 놀란다.) 아뿔싸! 내가 삼 년 고개에서 넘어지다니! 이럴 수가! 아악!
토끼: 갑자기 왜 그러세요, 할아버지? 아, 제 춤이 너무 감명 깊은 거죠? 앗싸, 앗싸, 가오리!
할아버지: (눈물을 흘리며) 토끼야, 내가 삼 년 고개에서 넘어지고 말았구나. 이제 내 목숨은 삼 년밖에 남지 않았어. 흑흑흑!
토끼: (깜짝 놀라며 귀를 잡는다.) 할아버지, 목숨이 삼 년밖에 남지 않았다고요? 저 때문에 넘어지셨잖아요. 어떡해요? 어떡해요? 할아버지께서 저 때문에!!!

(할아버지와 토끼는 서로를 껴안고 운다. 울음 소리가 점점 커진다.)

## 04 영화 감상문 쓰기 ······pp. 112~115

**연습하기**

**1 시**
리코더 잘 불고 싶어?
간단해. 네가 좋아하는 음악을 연주하는 거야.
거기에 시간이라는 마법이 따르면
거짓말처럼 리코더에서 자연스러운 소리가 날 거야.
**만화**
핼러윈 때 해골처럼 입고 학교에 간 적이 있어. 아이들이 내 모습을 보고 모두 깜짝 놀랐지.

**직접 써 보기**

**1 나 홀로 집에**

**2** 편지

**3** 줄거리, 등장인물, 영화를 보며 떠오른 자신의 경험, 인물의 성격, 영화를 본 전체 감상평, 인상 깊은 내용, 인상 깊은 대사, 인물 관계, 영상의 특성, 고치고 싶은 영화 내용

**4**

| 감상문 제목 | 케빈! 최고였어! |
|---|---|
| 줄거리 | 크리스마스, 집에 홀로 남은 케빈이 겪은 재미있는 사건들. 두 도둑을 혼내 주는 케빈의 창의적인 아이디어. 가족의 소중함을 일깨우는 영화. |
| 감상평 | 케빈의 귀여움에 푹 빠져 버렸다. 두 도둑을 혼내 주는 장면이 통쾌하고 재미있었다. 마지막에 엄마를 다시 만나는 장면은 감동적이었다. |
| 인상 깊은 장면 | 피자 배달부에게 돈을 건네 줄 때 영화에 나오는 등장인물의 목소리로 장난을 치는 장면<br>기발한 상상력과 아이디어로 케빈이 두 도둑을 혼내 주는 장면 |
| 인상 깊은 대사 | Will you please tell Santa that instead of presents this year, I just want my family back. "산타에게 이번 크리스마스에는 선물 대신 가족들을 돌려달라고 말해 주실 수 있나요?" |

**5** **제목:** 케빈! 최고였어!

나의 친구 케빈에게

케빈, 안녕? 20○○년 크리스마스가 다가오고 있어. 이번 크리스마스는 네 덕분에 더 기대가 돼. 너의 영화가 내 마음을 설레게 했거든.

생각해 보면 나는 혼자 집에서 잤던 적이 없는 것 같아. 하지만 너처럼 부모님이 안 계신 집에 혼자 있다면 엄청 좋을 듯해. "공부해라, 싸우지 말아라, 씻어라, 양치해라, 자라." 등등 이런 잔소리를 안 들어도 되잖아.

너처럼 혼자서 피자도 시켜 먹고, 재미있는 영상도 보고, 이층 계단을 이용해서 썰매까지! 혼자 있으면 크리스마스를 더 알차게 보낼 것 같은 기분이 들어. 하지만 혼자 있는 집에 도둑이 들면 어쩌지? 사실 나도 혼자 있는 게 싫은 이유가 잘 때 귀신이나 도둑이 나올까 봐 무서워서거든. 예전에 부모님과 떨어져 잤을 때도 무서워서 한잠도 못 잤던 기억

이 있어. 하지만 케빈, 너는 나와 다르더라. 기발한 아이디어로 도둑을 혼내 주는 장면에서 한참 웃었어. 하나, 하나의 트릭이 어찌나 창의적이던지!

이 영화를 보면서 너의 매력에 푹 빠졌어. 도둑을 혼내 주는 장면은 통쾌했고 말이야. 특히 피자 배달부에게 돈을 건네 줄 때 TV 속 목소리를 활용하는 장면은 깔깔대며 봤지 뭐야. 나도 나중에 꼭 한 번 써먹고 싶은 대담한 장면이었던 것 같아.

이 영화를 보면서 가장 감동을 느꼈던 대사가 있어. "산타에게 이번 크리스마스에는 선물 대신 가족들을 돌려달라고 말해 주실 수 있나요?" 마지막 장면에서 네가 엄마를 만나 꼭 껴안는 장면에서 울컥하기도 했어. 〈나 홀로 집에〉는 가족의 소중함을 알게 해 준 좋은 영화였어. 고마워, 케빈.

쉬는 날에 봤던 영화 중 가장 재미있던 영화야. 케빈, 너도 다음 크리스마스에는 가족과 함께 행복하게 보내면 좋겠어. 나도 그럴게. 안녕!

너의 친구 서진이가

> ▶ 정답 지도 시 주의할 점 감상문의 형식이 글만 있는 건 아니라는 것을 알려 주세요.

## 05 상상을 이야기로 표현하기 ············ pp. 116~119

**연습하기**

**1** 듀이는 친환경 발명품을 개발하는 과학자였다. 특히 에어컨이 없는 세계에서 에어컨처럼 시원한 바람을 내뿜는 발명품을 개발하는 것은 듀이 일평생의 소망이었다. 듀이는 세듀에게서 산 얼음 두 개를 꺼내 알렉스에게 하나, 듀이 자신의 입으로 하나 가져갔다.

"아! 살 것 같아. 내가 얼음 생성기 하나만 만들 수 있다면……."

**1**    아이언맨 수트를 개발한 나, 세계 최고의 부자가 된 나, 한 나라의 공주가 된 나, 한 번 본 것은 잊어먹지 않는 재주를 가지고 태어난 나, 아픔을 느끼지 못하는 나, 병에 걸려서 3개월밖에 살지 못하는 나

**2**  병에 걸려서 3개월밖에 살지 못하는 나

**3**

| 제목 | 3개월의 삶 |
|---|---|
| 등장인물 및 인물의 성격 | 민진: 아프지만 꿋꿋하다. 긍정적이다. 다른 사람을 배려한다. |
| | 뽀: 민진이의 친구. 민진이를 아낀다. 까불고, 장난을 많이 친다. |
| | 보라: 민진이의 친구. 조용하고 웃음이 많다. 맞장구를 잘 친다. |
| 주요 사건 | 카페에서 학예회에 할 공연에 대해 의논하는 친구들, 무거운 가방, 갑자기 쓰러지는 민진, 민진이의 병이 심각함, 친구들 각자가 민진이를 위로해 주는 방법이 다름, 그런 친구들 때문에 힘이 나는 민진 |
| 그 외 | 3개월 동안 조금씩 회복하는 민진, 친구들이 전해 주는 기쁨 때문에 민진이의 몸이 점점 좋아진다. |

**4**    학원이 드디어 끝났다. 입에서 김까지 나는 추운 겨울. 친구들과 수다를 떨며 카페로 향한다. 몸이 약간 무거웠지만 친구들과 함께 준비해야 할 공연의 중요도에 비하면 이 정도는 충분히 참을 수 있다. 나의 친구들, 뽀와 보라. 뽀가 재미있는 이야기를 하고, 보라가 맞장구를 친다. 나는 그 모습이 즐겁고 행복하다.

"민진, 어때? 이렇게 하는 거? 안 들었어? 나한테 혼나야겠어."

"맞아, 맞아."

우리 대화의 패턴이다. 조용히 듣고 있으면 뽀가 재미있는 이야기를 하고, 거기에 보라가 맞장구를 치는 우리만의 대화 구조. 나는 친구들의 별거 아닌 말을 들으며 실컷 웃는 역할을 한다. 그렇게 있으면 금방 시간이 흐른다.

달콤한 음료수를 시키고 자리에 앉아 이야기를 나눈다.

"봐봐, 여기서 민진이가 스포트라이트를 받으면서 나와서 노래를 부르는 거야. 선글라스는 무조건 써야 해. 그리고 보라와 나는 뒤에서 요래, 요래 춤을 추는 거지."

"하하하, 내가 선글라스? 너희가 춤? 하하하!"

"그래, 그래. 뭐??? 우리가 춤?"

학예회에서 무엇을 할지 정하는 시간. 뽀의 말에 신나게 웃고 나서 이제 일어선다. 그런데 오늘은 왜 이렇게 가방이 무겁지? 어? ……. 쿵!

"민진아! 왜 그래? 무슨 일이야?"

"민진아! 괜찮아?"

현기증을 느낀 나는 그대로 카페 바닥에 엎어졌다. 눈을 떠 보니 하얀 천장. 벌써 하루가 지났다. 뽀와 보라의 큰 눈망울. 아니, 충혈된 눈망울.

"민진, 괜찮아? 못 일어날까 봐 얼마나 걱정했는데!"

"다시는 못 일어나는 줄 알았어. 일어나서 다행이야. 엉엉엉."

뽀와 보라의 눈에는 눈물이 고여 있다. 나는 뭐가 뭔지, 하나도 알 수가 없다. 잠깐 잠을 잤는데 하루가 지났고, 환자복을 입었고, 친구들은 내가 죽을 것처럼 울었다.

내가 사실을 알게 된 것은 3일 후였다.

학교에 가고 싶어 좀이 쑤시던 나. 자꾸만 잠이 오는 몸. 왜 이러지? 그때 엄마와 아빠가 조용히 내게 다가왔다.

"민진아, 엄마가 할 말이 있는데 들어 볼래?"

# 6단원 장르 및 목적에 따라 글쓰기 (2)

## 01 목적이나 대상에 따라 알맞은 틀 사용하여 쓰기
...... pp. 122~125

**연습하기**

**1** 2–괴수 쿠파에게 납치당한 히로인 피치 공주를 구하는 이야기

3–마리오의 동료 루이지, 마리오가 탈 수 있는 이동 수단(또는 동료) 요시, 마리오의 자칭 라이벌 와리오가 등장

**2** 거의 모든 '슈퍼 마리오' 시리즈는 괴수 쿠파가 왕국의 피치 공주를 납치하고, 마리오가 공주를 구출하러 가는 내용으로 스토리를 구성한다. 슈퍼 마리오에는 쿠파와 피치 공주 외에도 여러 인물이 등장한다. 마리오의 동료 루이지, 마리오가 탈 수 있는 이동 수단(동료가 되기도 한다) 요시, 마리오의 자칭 라이벌 와리오까지 등장하여 이야기를 풍부하게 만든다.

**3**

|  | 코카콜라 | 펩시 |
|---|---|---|
| 공통점 | • 음료 회사로 두 회사 모두 '콜라'를 개발했다.<br>• 두 회사 모두 콜라를 처음에 '약'으로 개발했다. | |
| 차이점 | • 빨간색을 활용하여 콜라를 홍보한다.<br>• 1886년 존 펨버턴이 개발<br>• 처음에 두통약으로 콜라를 개발<br>• 비타민워터, 파워에이드, 미닛메이드 등의 브랜드 보유<br>• 2022년 브랜드 가치 순위 7위 | • 파란색을 활용하여 콜라를 홍보한다.<br>• 1898년 칼렙 브래드햄이 개발<br>• 처음에 소화 불량 치료제로 콜라를 개발<br>• 게토레이 등의 브랜드 보유, 스낵 비중이 음료보다 높음<br>• 2022년 브랜드 가치 순위 32위 |

**4**

코카콜라와 펩시는 100년이 넘게 이어져 오고 있는 회사로 모두 '콜라'를 판매한다는 공통점이 있다.
또, 코카콜라와 펩시는 처음에 모두 병을 치료하는 '약'으로 콜라를 개발했다.

하지만 코카콜라가 빨간색을 사용하여 음료를 홍보하는 반면에 펩시는 파란색을 활용하여 콜라를 광고한다.
그리고 두 회사 모두 '약'으로 콜라를 개발한 것은 맞지만 코카콜라는 두통약으로, 펩시는 소화 불량 치료제로 콜라를 개발했다.

**5**

| ① 토론 준비하기 | ② 토론하기 | ③ 정리하기 |
|---|---|---|
| • 토론 문제 확인하기<br>• 토론 역할 정하기<br>• 근거 마련하기<br>• 반론 예상하기<br>• 뒷받침 자료 찾기 | • 자신의 생각을 효과적으로 나타낼 수 있는 낱말이나 표현 정하기<br>• 찬반 토론하기 | • 토론 결과 정리하기<br>• 토론 내용 간단히 적기 |

**6** 토론 문제를 확인하고, 토론에서 각자의 역할을 정한다. 근거를 마련하고 반론을 예상하는 일 역시 '토론 준비하기' 단계에서 이루어진다. 다음으로 '토론하기' 단계에서는 학생들이 직접 찬반 토론을 한다. 토론을 할 때 자신의 생각을 효과적으로 나타낼 수 있는 낱말이나 표현을 정하는 것도 이 단계에서 이루어진다. 마지막으로 '정리하기' 단계에서는 토론 결과를 정리하고, 토론 내용을 간단히 적어 보는 활동을 할 수 있다.

**7**

**8** 먼저, 물 타입 포켓몬스터는 꼬부기와 고라파덕이 있다. 꼬부기는 어니부기, 거북왕의 순서로 진화하고, 고라파덕은 골덕으로 진화한다. 꼬부기는 거북이, 고라파덕은 오리너구리를 본떠서 만들었다고 한다.
두 번째로 풀 타입 포켓몬스터가 있다. 여러 가지 풀 타입 포켓몬스터가 있지만 그중에서도 이상해씨

와 뚜벅초가 유명하다. 이상해씨는 이상해풀, 이상해꽃으로 진화하고, 뚜벅초는 냄새꼬와 라플레시아로 진화한다.

불꽃 타입으로 유명한 포켓몬스터에는 파이리와 가디가 있고, 전기 타입 포켓몬스터는 피카츄와 코일이 있다.

이 외에도 〈포켓몬스터〉 시리즈가 새로 나올 때마다 새로운 포켓몬이 계속해서 등장하고 있다.

## 02 기사문 쓰기 .....................pp. 126~131

**연습하기**

**1**

| 누가 | 러시아가(푸틴 대통령이) |
|---|---|
| 언제 | 2022년 2월 24일 새벽 4시 50분경 |
| 어디서 | 러시아에서 우크라이나로(탱크를 타고 우크라이나 국경으로) |
| 무엇을 | 침범을(전쟁을) |
| 어떻게 | 일으켰다(탱크를 타고 우크라이나 국경선을 침범했다). |
| 왜 | 러시아: 돈바스 지역 주민을 보호하기 위한 군사 작전<br>우크라이나: 러시아의 우크라이나 침략 |

**2** 우크라이나와 러시아가 우리나라와 맞닿아 있기 때문입니다. 우크라이나는 세계 1위 밀 생산국으로 오랜 기간 전쟁이 지속된다면 우리나라 국민들은 물가 걱정에 시달릴 것입니다.
→ 우크라이나는 우리나라와 멀리 떨어진 동유럽에 위치하고 있지만 세계 최대 밀 생산국 중 하나이기 때문에 전쟁이 길어진다면 우리나라 국민들이 식량 문제에 시달릴 수 있습니다.

**3** 단순히 생각해 보면 푸틴은 독재자이자 전쟁광입니다. 자신의 권력 유지를 위해 우크라이나와 전쟁을 일으켜서 자신의 인기를 높이겠다는 계산입니다. 푸틴은 말 그대로 자신의 안위만 생각하는 기회주의자입니다.
→ 푸틴은 2024년 대통령 임기가 만료됩니다. 푸틴이 종신 집권을 하기 위해서는 러시아 국민들의 압도적인 지지가 필요합니다. 만약 우크라이나와의 전쟁에서 승리한다면 푸틴의 지지율이 오를 것입니다. 이를 위해 푸틴이 우크라이나와 전쟁을 일으켰을 가능성이 있다고 전문가들은 말했습니다.

**4** **표제:** 세상에서 가장 더러운 방 선발 대회
**부제:** 영국의 한 침대 업체, 가장 지저분한 아이의 침실을 찾아서

많은 사람이 이 대회를 비난하는 목소리를 높였습니다. '더러운 방 사진을 올리는 부모의 잘못이 크다.'라든가 '부끄러운 줄 알아야 한다, 침대를 얻으려고 일부러 더럽힌 것 같다.' 등 대회를 폐지해야 한다는 의견이 주를 이루었습니다

▶ **정답 지도 시 주의할 점** 기사문의 제목(표제와 부제)은 기사문의 내용을 짐작할 수 있도록 쓰고, 독자가 관심을 가질 만한 것으로 정해야 한다고 알려 주세요.

**직접 써 보기**

**1 기사문 주제**-이정후, 메이저리그 샌프란시스코 자이언츠 구단과 6년 1억 1,300만 달러 계약
**출처**-https://m.blog.naver.com/PostView.naver?blogId=hwl0501&logNo=223291325814&proxyReferer=https:%2F%2Fm.naver.com%2F

**2 누가**-한국 프로 야구 선수 이정후가
**언제**-2023년 12월 13일
**어디서**-미국 MLB 샌프란시스코 자이언츠 구단에서
**무엇을**-6년 1억 1,300만 달러(약 1,490억 원) 계약을
**어떻게**-맺었다.
**왜**-이정후가 공격력과 수비력을 모두 갖춘 중견수이기 때문에

**3 추가하고 싶은 내용**-역대 한국인 메이저리그 계약 규모 가운데 추신수에 이어 2위임, KBO 리그에서 이정후의 성적
**자료**-〈이정후 KBO 리그 성적〉
2020: 타율 .333 15홈런 101타점 OPS .921
2021: 타율 .360 7홈런 84타점 OPS .959

2022: 타율 .349 23홈런 113타점 OPS .996

2023: 타율 .318 6홈런 45타점 OPS .860

**4**

---

**표제: 이정후, 샌프란시스코 자이언츠와 역대급 계약**

**부제: 6년 1억 1,300만 달러(약 1,490억 원)로 메이저리그행**

 한국 키움 히어로즈의 선수 이정후가 2023년 12월 13일 미국 MLB 샌프란시스코 자이언츠 구단과 6년 1억 1,300만 달러(약 1,490억 원)로 계약을 맺었다. 이는 역대 한국인 메이저리그 계약 규모 가운데 추신수에 이어 2위이며, 2013년 한화 이글스에서 LA 다저스로 이적한 류현진을 뛰어넘는 MLB 포스팅 역대 최대 규모다. 이정후의 KBO 리그 성적을 보면 샌프란시스코와의 계약금을 어느 정도 이해할 수 있다.

〈이정후 KBO 리그 성적〉

2020: 타율 .333, 15홈런, 101타점, OPS .921

2021: 타율 .360, 7홈런, 84타점, OPS .959

2022: 타율 .349, 23홈런, 113타점, OPS .996

2023: 타율 .318, 6홈런, 45타점, OPS .860

KBO에서 이러한 성적을 남기고, MVP까지 받은 이정후는 공격력과 수비력을 모두 갖춘 수준급 중견수이다. 앞으로 MLB 샌프란시스코에서 펼쳐질 이정후의 활약을 기대해 보자.

---

## 03 전기문 쓰기 ·························· pp. 132~137

**연습하기**

**1** ㉠ 원산에서 야마모토 마사코(이남덕, 문화학원 후배)와 결혼

㉡ 장인이 사망했다는 소식을 듣고, 아내와 두 아들을 일본으로 보냄(1953년 친구의 도움으로 일본에서 일주일 동안 가족을 만남. 이것이 가족과의 마지막 만남이 됨)

**2~3**

**가족**–이중섭에게 가족은 살아가는 이유였습니다. 그는 가족을 다시 만나기 위해 열심히 그림을 그렸습니다.

**아픔**–이중섭의 삶은 아픔 그 자체였습니다. 그는 가족과 헤어졌기 때문에 마음이 아팠습니다. 그리고 가난으로 인해 제대로 된 생활을 하지 못해서

몸까지 아팠습니다.

**4** 가족을 사랑하는 마음. 독자에게 옆에 있는 가족을 더 배려하고 아끼라는 교훈을 전달하고 싶습니다.

**5** 그는 가족을 제대로 부양하지 못할 거라는 절망감에 빠졌다. 일본에 있는 아내와 두 아들이 눈앞에 아른거렸다. 가족을 사랑하는 마음, 가족을 위해서 무엇이든 하겠다는 눈물겨운 집념이 온몸을 관통했다. 그의 그림 안에는 가족을 향한 아름다운 몸부림이 담겨 있었다. 하지만 몸부림치면 칠수록 그는 점점 쇠약해져만 갔다.

**직접 써 보기**

**1** **인물과 표현하고 싶은 시기**–토머스 에디슨, 어린 시절 학교에서 퇴학을 당했던 때

**쓰고 싶은 이유**–에디슨은 유명한 발명가이지만 자신의 성공을 위해서는 다른 사람을 잔인하게 버렸던 인물이라는 점을 부각하기 위해서

**2** **인물의 삶**–에디슨은 발명을 많이 했다. 하지만 그보다 많이 한 일은 이미 만들어진 발명품을 계량한 것이다. 에디슨이 발명했다고 알려진 전구도 그가 만든 것이 아니다. 에디슨은 이미 누군가 만든 전구를 계량하여 모든 사람이 생활에서 전구를 사용하도록 보급했을 뿐이다. 어떻게 보면 에디슨은 과학자가 아니라 위대한 사업가라는 표현이 더 어울릴 것이다.

**인물의 업적**–생활에서 '전구'의 실질적인 사용을 이끌었다(전기 문명 시대를 열었다).

축음기, 영사기, 전화, 냉장고 등을 계량하여 많은 사람이 생활에서 이것들을 사용할 수 있게 되었다.

**인물의 마음**–"천재는 1%의 영감과 99%의 노력으로 이루어진다."

그는 노력을 중시한다고 말했지만 다른 사람의 아이디어를 훔친 일도 많다.

지금이라면 그가 성공할 수 있을까?

**3** 냉정, 가혹, 경쟁

잔인한 사업가, 모든 사람의 생활을 편하게 만들겠다는 의지

**4  제목**: 토머스 에디슨, 그에 대한 오해와 진실

토머스 에디슨, 그는 어린 시절부터 유별났다. 집에서 알을 품어 병아리를 부화시키려고 하거나 학교에서는 선생님이 하는 수업을 방해해서 퇴학을 당하기까지 했다. 규칙을 잘 지키지 않고, 하고 싶은 것은 반드시 해야만 했던 악동, 에디슨. 이러한 성향은 과연 그의 인생을 행복하게 만들었을까?

"천재는 1%의 영감과 99%의 노력으로 이루어진다." 이 문장은 에디슨을 대표하는 말이다. 이 말처럼 그는 어린 시절의 호기심을 해결하기 위해 많은 노력을 기울였다. 그가 노력했기에 생활에서 '전구'의 실질적인 사용을 이끌었고, 결국 전기 문명의 서막을 열었다. 또, 그는 축음기, 영사기, 전화, 냉장고 등 현재도 생활에서 필수적으로 사용하는 물건을 사람들이 가정에서 실제로 사용할 수 있게 만든 위대한 인물이기도 하다.

하지만 실제로 그가 처음 발명한 것은 그다지 많지 않다. 에디슨이 발명했다고 알려진 전구도 에디슨이 처음 만든 것이 아니고, 이미 누군가 창조한 전구를 계량하여 생활 속에서 사람들이 사용하도록 만들었을 뿐이다. 어떻게 보면 그는 과학자, 발명가가 아니라 사업가라는 표현이 더 어울린다고 할 수 있다.

에디슨은 성공을 위해서라면 수단과 방법을 가리지 않았다. 심지어 사업을 위해 회사에서 일하는 동안은 가족도 거의 만나지 않았다. 결국 아내와는 이혼하고, 자식들은 사기꾼이 되거나 사업에 실패하였다(에디슨은 자식들의 증오를 받았다).

그는 많은 사람에게 도움을 주었지만 결국 자신의 삶은 실패했다. 나는 가정과 학교, 사회에서 노력하고 가족이나 타인과 긍정적인 관계를 맺으며 행복하게 살고 싶다. 그러기 위해서 에디슨의 장점은 본받아야겠지만 그의 다른 면은 되도록 닮지 않아야겠다는 생각을 했다.

> ▶ **정답 지도 시 주의할 점**  '전할 전(傳), 기록할 기(記), 글 문(文)'인 전기문을 쓸 때는 주인공의 성격, 행적, 업적, 교훈 등을 적고, 중간 중간에 자신의 생각과 느낌을 적도록 해 주세요.

## 04 짜임에 맞는 글쓰기          ......pp. 138~143

**직접 써 보기**

**1**  좋아하는 책을 읽자.

**2**

| 서론 | 어제 무슨 책을 읽었는지 묻기(스마트폰, TV에 빠진 아이들) |
|------|------|
|  | 좋아하는 책을 읽지 못하는 아이들 |

어제 읽은 책이 있나요? 있다면 무슨 책을 읽었나요? 부모님께서 읽으라고 한 책? 내가 좋아하는 책? 읽지 않았다면 그 시간 동안 무엇을 했나요? 스마트폰을 한동안 들여다봤나요? 아니면 TV 속에 빠져서 지냈나요? 사실 책을 읽더라도 자신이 좋아하는 책을 읽는 아이는 소수입니다. 모두 부모님이나 선생님께서 추천해 준 책만 읽습니다. 이러한 이유로 책 읽기가 재미없어진 아이들이 이후로 스마트폰이나 TV에 빠지게 됩니다.

**3**

| 본론 | 추천하는 책을 읽으면 독서가 하기 싫은 공부가 되지만 좋아하는 책을 읽으면 독서가 즐거운 놀이가 된다. |
|------|------|
|  | 흥미에서 시작해서 꾸준히 노력하는 것이 언어 능력을 높이는 빠른 길이다. |
|  | 흥미로운 글을 읽다 보면 읽는 글의 수준이 급격하게 높아질 수 있다. |

그러므로 우리는 다른 사람들이 추천하는 책을 읽는 것이 아니라 자신이 좋아하는 책을 꾸준히 읽어야 합니다. 그 이유는 다음과 같습니다.

첫째, 추천하는 책을 읽으면 독서가 하기 싫은 공부가 되지만 좋아하는 책을 읽으면 독서가 즐거운 놀이가 됩니다. 독서가 즐거운 활동이어야 우리가 익숙해질 수 있습니다. 아이들이 스마트폰이나 TV에 빠지는 것만 봐도 그렇습니다. 아이가 자기 마음대로 할 수 있기에 그것을 더 좋아합니다. 아이가 만화책을 읽더라도 그 행동을 응원해 줘야 합니다. 그렇게 했을 때 아이는 책 읽는 것에 점차 흥미를 느끼고, 시간이 지나면 독서를 취미로 갖게 됩니다.

둘째, 흥미에서 독서를 시작하는 것이 언어 능력을 높이는 더 빠른 길입니다. 아이는 부모가 추천

한 책이 재미없으면 한 권을 읽는 시간이 한없이 늘어집니다. 하지만 아이가 좋아하는 책을 읽기 시작하면 금세 한 권을 읽습니다. 재미있는 책은 몇 번이나 돌려 읽고, 반복 독서를 합니다. 이는 부모가 추천한 책을 한 번 읽는 것보다 아이 언어 기둥의 뿌리를 더욱 굵고 단단하게 만들어 줍니다.

마지막으로, 자신이 좋아하는 책을 읽는다면 아이가 읽는 글의 수준이 급격하게 높아집니다. 아이가 만화책이라도 읽고 싶은 책을 읽는다면 몇 번이나 되돌려 읽고 그에 대해 더 알기를 원합니다. 만화책을 분석한 책은 글의 수준이 꽤 높습니다. 자신이 좋아하는 분야를 세세하게 분석한 책을 파고 또 파서, 전문가가 쓴 글까지 읽게 된다면 아이의 언어 능력은 흥미 없는 책만 읽는 학생보다 빨리 높아질 것입니다.

**4**

| 결론 | 한 가지 분야에 전문가인 사람들 |
|---|---|
| | 좋아하는 책을 읽자. |

인터넷에 자신이 흥미 있는 분야를 검색해 보면 꼭 나오는 사람들이 있습니다. 그들은 어떻게 그 분야의 전문가가 될 수 있었을까요? 두 부류라고 생각하면 됩니다. 하나는 하기 싫지만 억지로 하고 또 해서 거기까지 성장한 사람들. 다른 한 부류는 흥미 있는 것에 꽂혀서 그 분야만 파고 또 판 사람들. 만약 자신이라면 어디에 속하고 싶나요? 대부분이 두 번째 부류라고 대답할 것입니다. 하지만 세상에는 자신이 하고 싶은 일을 하며 사는 사람들이 그다지 많지 않은 것 같습니다. 부모의 욕심을 조금만 줄이고 아이가 좋아하는 책을 읽도록 도와줍시다. 그것이 독서를 즐기면서 언어 능력을 높이 쌓을 수 있는 가장 좋은 방법입니다.

▶ 정답 지도 시 주의할 점  내가 쓴 글이 독자를 생각하며 썼는지, 주장하고자 하는 내용이 명확히 드러나는지, 독자가 납득할 만한 이유를 포함했는지, 적절하고 쉬운 표현을 썼는지 다시 한번 읽어 보게 해 주세요.

## 05 논설문 쓰기 ·······················pp. 144~147

**연습하기**

**1**  유튜브에서 마약 거리로 유명한 미국의 켄싱턴 거리를 본 적이 있는가? 마약에 중독된 인간은 자신을 통제하지 못하고 좀비처럼 변해 간다. 따라서 마약을 강력히 통제하지 않으면 사회는 점점 악의 구렁텅이에 빠지고 말 것이다. 마약은 한 번 시작하면 돌이킬 수 없다. 청소년 마약 범죄를 강력히 처벌하여 다시는 그러한 일당이 활개 치지 못하게 해야 할 것이다.

**직접 써 보기**

**1** **문제 상황**–화가 나면 친구들에게 소리를 지르는 아이들이 있다.
**주장**–화가 나도 상대방에게 소리를 지르지 맙시다.

**2**  화가 나면 상대에게 소리를 지르는 아이들, 화 풀기, 화가 나도 조용히 이야기하는 사람, 차분함, 화를 어떻게 풀 것인가? 소리를 지르는 아이들은 화가 금방 풀어진다, 자기만 생각하는 이기적인 행동, 더 커지는 분노

**3** **서론**
  – 얼마 전 교실에서 말다툼이 일어났을 때 소리를 지르며 싸우는 일 발생, 사건이 점점 커져서 결국 주먹질까지 일어남
**본론**
  – 소리를 지르면 문제를 해결할 수 없다.
  – 남에게 소리를 지르면 더 큰 다툼에 휘말릴 수 있다.
  – 남에게 소리를 질러서 화를 푸는 것은 자기만 생각하는 이기적인 행동이다.
**결론**
  – 화를 푸는 다른 방법(베개에 대고 소리 지르기, 일기나 편지 쓰기, 운동이나 취미 활동하기)
  – 상대에게 소리를 질러서 화를 푸는 행동은 수준 낮은 짓이다.

**4** wikiHow 전문가가 말한 '분노에 대처하는 방법' 예시
 – 소리 지르기(상대방에게 지르는 것이 아니라 혼자서 지르는 것)
 – 비유적으로 분노 던져 버리기(상징적인 무언가를 안전한 곳에 힘껏 던지는 행위) 등

**5** **제목**: 화가 나도 상대방에게 소리를 지르지 맙시다

　얼마 전 교실에서 다툼이 일어났습니다. 한 명이 상대에게 소리를 지르는 모습에 반 아이들 모두가 그 다툼을 주목했습니다. 아이가 분노를 쏟아낼 때 모두 그 아이를 이상하게 쳐다봤습니다. 왜일까요? 화가 날 때 상대방에게 소리를 지르는 모습은 분노를 해결하는 옳은 방법이 아니기 때문입니다. 소리를 질러서 화를 내는 모습, 과연 무엇이 문제일까요?

　첫째, 소리를 지르면 아무 문제도 해결할 수 없습니다. 소리를 지르면 문제가 감정적으로 발전해서 객관적으로 바라볼 수 없습니다.

　둘째, 남에게 소리를 지르면서 화를 내면 더 큰 다툼에 휘말릴 수 있습니다. 소리를 지르는 사람은 상대방에게 문제의 원인이 있다고 생각하지만 상대방은 나에게 문제가 있다고 여깁니다. 소리를 지르면서 화를 내면 상대방도 화를 내면서 대꾸할 수밖에 없습니다. 이러한 행동은 문제를 점점 크게 만들 뿐입니다.

　셋째, 결국 남에게 소리를 질러서 화를 푸는 것은 자기만 생각하는 이기적인 행동입니다. 소리를 지르는 것은 자신의 화난 감정을 상대방에게 푸는 행위입니다. 그렇기에 소리를 질렀던 사람이 금방 화가 풀려서 다른 사람과 웃고 떠드는 모습을 볼 수 있습니다(상대방은 안중에도 없습니다).

　상대방에게 소리를 질러서 화를 푸는 행위는 분노에 대처하는 가장 수준 낮은 방법이라고 할 수 있습니다. 인터넷 검색을 해 보면 화를 푸는 여러 가지 방법이 나와 있습니다. 그중 wikiHow에 나온 '분노에 대처하는 방법'을 살펴보면 '소리 지르기'도 분노에 대처할 수 있는 방법 중 하나입니다. 하지만 상대방에게 소리를 지르는 것이 아니라 침대 위 베개에 입을 대고 다른 사람에게 피해 주지 않도록 소리를 지르라고 조언하고 있습니다. 상대방에게 소리를 지르면 더 큰 문제를 일으킬 수 있기 때문입니다. 그 외에도 '비유적으로 분노 던져 버리기, 분노를 연민으로 바꾸기, 화해가 고려 대상인지 생각해 보기, 용서하기, 자기 행동에 대한 책임지기' 등 분노를 푸는 다른 방법도 제안합니다. 상대방에게 소리를 질러서 화를 푸는 행동은 수준 낮은 '짓'입니다. 앞으로 그런 행동을 하지 말고 좀 더 인간다운 방법을 사용해서 화를 풀도록 합시다.

## 06 광고 쓰기 ·························· pp. 148~151

**연습하기**

**1** **광고 제목**: 삼각 김밥 하면 뭐다? 참치 마요네즈 삼각 김밥!
 ① 라면과 어울리는 삼각 김밥이 뭐지?
 ② 당연히 참치 마요네즈 삼각 김밥!
 ③ 그래. 이 맛이지!
 ④ 자매품, 전주 비빔 삼각 김밥도 있습니다.

**직접 써 보기**

**1** **❶ 광고할 내용**–층간 소음
 **선정 이유**–층간 소음
 **❷ 어울리는 낱말이나 문구**–양보, 층간 소음
 **광고 장면**
 1. 소음  2. 어린이  3. 세탁기  4. 보복 소음
 **❸**

| ① "쿵쿵쿵쿵쿵" 바닥을 뛰고 있는 아이들. 아랫집 사람은 귀를 막으며 고통스러워하고 있다. "층간 소음 어떻게 해야 할까요?" | ② 두 가지 문구 등장 "어린이가 있는 집은 층간 소음 방지 매트 설치" "바닥을 울리는 가구에는 소음 방지 패드 설치"<br><br>맨 아래 "조금씩의 양보가 층간 소음을 줄일 수 있습니다." |
| --- | --- |

<table>
<tr>
<td>

③ 두 가지 문구 등장
"늦은 밤이나 새벽에 청소기나 세탁기 사용하지 않기"
"보복 소음은 법으로 처벌받을 수 있음"

맨 아래
"조금씩의 양보가 층간 소음을 줄일 수 있습니다."

</td>
<td>

④ 웃으며 등장하는 사람들. 서로 어깨동무를 하고 있다.
"타인이 할 일을 생각하기보다 내가 해야 할 일을 확실히 지키는 것이 층간 소음을 예방할 수 있는 가장 좋은 방법입니다."

'공익 광고'임을 알리는 문구 등장

</td>
</tr>
</table>

**2** ❶ **광고할 내용**—반려동물 배설물 무단 투기 금지
**선정 이유**—배설물을 무단 투기하여 다른 사람들의 기분을 상하게 하는 일이 발생, 공중도덕을 지키는 것의 중요성을 알림
❷ **어울리는 낱말이나 문구**—조금만 고생하면 모두가 웃을 수 있습니다.
**광고 장면**
1. 반려동물을 키우는 이유(우리 삶의 안식처, 가족 같은 존재)
2. 반려동물 관련 공중도덕을 지키지 않는 사람들, 따가운 눈총

3. 반려동물 양육 관련 공중도덕 안내—배설물 무단 투기 금지, 종량제 봉투에 담아서 배설물 버리기
4. 애완견 배설물 방치 시 「경범죄 처벌법」 제3조 적용, 10만 원의 과태료 부과

❸

<table>
<tr>
<td>

① 반려동물(개, 고양이)과 즐거운 시간을 보내는 할아버지, 할머니, 아버지, 어머니, 나, 동생

아래 자막: 지친 인생을 보듬어 주는 가족 같은 존재

</td>
<td>

② '하지만!!' 글자가 크게 등장하고 배설물을 무단 투기하는 사람들의 모습, 그 모습을 보고, 다른 사람들이 따가운 눈총을 준다.

아래 자막: 배설물을 무단으로 투기하는 사람들

</td>
</tr>
<tr>
<td>

③ 종량제 봉투에 배설물을 담고 있는 사람의 모습, 그 모습을 보고, 다른 사람들이 환하게 웃고 있다.

아래 자막: 배설물은 종량제 봉투에 담아서 버려 주세요.

</td>
<td>

④ 법 조항 안내
'애완견 배설물 방치 시 「경범죄 처벌법」 제3조 적용'이 뜨고 그 밑에 큰 글자로 '과태료 10만 원'이 보인다.

</td>
</tr>
</table>

# 7단원 여러 가지 글 익히기

## 01 브레인스토밍

pp. 154~155

**연습하기**

**1** **이미 알고 있는 내용**—국가 살림, 다양한 조직, 대통령, 세종특별시, 국무총리, 국무 회의, 국가의 중요한 일 결정, 삼대 기관 중 하나, 국민의 삶에 중요한 역할
**쓰고 싶은 내용**—행정 각부가 하는 일

**2~3**

## 02 마인드맵 ·························· pp. 156~157

**연습하기**

**1** 컴퓨터, 미용실, 생활이 편리해짐, 과학, AI, 한류 스타, 아이돌, 우주, 인공위성, 나로호, 인공지능, 휴대폰, 스마트폰, 태블릿 PC

**2**
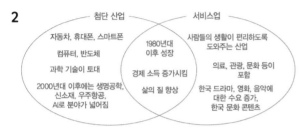

**3**  경공업, 중화학 공업 중심의 사회가 1980년대에 들어서면서 변화하기 시작했습니다. 과학 기술에 대한 관심이 커지면서 첨단 산업에 투자하는 비율이 높아졌습니다. 높은 기술력이 필요한 자동차 산업이나 정밀 기계, 전자 제품 등에 투자하는 기업도 늘어났습니다. 특히 컴퓨터의 대중화는 사회를 크게 변화시켰습니다. 컴퓨터는 사람들의 생활이 편리하게 변화하는 데 큰 도움을 주었습니다. 이로 인해 산업, 의료, 관광, 문화 사업 등이 발달했습니다.
  또, 서비스업이 발달하면서 경제 소득이 증가하고, 편리한 생활과 삶의 질 향상을 원하는 사람이 늘어났습니다. 특히 한국 드라마와 영화, 음악에 대한 수요가 증가하면서 세계적으로 유명한 한류 스타가 등장했습니다.

## 03 개요 짜기 ·························· pp. 158~159

**연습하기**

**1**

| 특징 | * 유럽<br>위치, 인구 밀도, 나라 수 |
| --- | --- |
| | * 아프리카<br>위치, 위치적 특징 |

| 나라 | 노르웨이, 프랑스의 특징 |
| --- | --- |
| | 레소토, 이집트의 특징 |

**2**  지중해를 두고 북쪽에는 유럽, 남쪽에는 아프리카 대륙이 위치한다. 유럽은 우랄산맥을 기준으로 아시아의 서쪽에 위치해 있다. 또, 대륙의 크기에 비해 인구 밀도가 높고, 나라 수가 많다. 아프리카는 이집트를 통해서 아시아와 이어져 있는 대륙으로 적도를 포함하고, 북반구와 남반구에 걸쳐 있다.
  유럽에는 여러 나라가 있는데 그중 노르웨이는 해안선이 복잡하고, 스웨덴·핀란드·러시아와 맞닿아 있다. 프랑스는 러시아를 제외하고 유럽에서 가장 큰 나라로 본초 자오선이 지나는 위치에 자리하고 있다. 아프리카는 유럽보다 나라 수가 적다. 레소토는 아프리카 남쪽에 위치한 나라이고, 동서남북이 남아프리카공화국으로 둘러싸여 있다. 이집트는 아프리카 북동쪽에 위치한 나라로 아프리카, 아시아, 유럽을 잇는 위치에 있다. 이집트의 국경선은 반듯한데, 그 이유는 19세기 이집트가 유럽의 식민지로 전락했을 때 유럽 강대국들이 위도와 경도를 기준으로 식민지를 나눠 가졌기 때문이다.

## 04 독서 감상문 쓰기 ·················· pp. 160~169

**직접 써 보기**

**1** 이상한 나라의 앨리스, 오즈의 마법사, 윈디, 마법, 해리포터, 피터팬, 바람, 꿈, 꿈 같은 이야기, 잔소리, 하기 싫은 일, 엉망이 된 운동화, 부모님이 싫을 때, 일을 하기 싫을 때, 떠나고 싶을 때

**2** **인상 깊은 부분**—도로시의 발을 잡는 부모님
**이유**—바람에 실려 날아가는 도로시를 걱정하는 부모님의 마음이 공감됐기 때문이다.

**3** **도로시의 성격**—왈가닥이고, 말을 함부로 합니다.
**그렇게 생각한 까닭**—옷과 신발이 더러워질 정도로 뛰어놉니다. 자신의 잘못을 인정하지 않고, 오히려 부모님께 집을 나가겠다고 화를 냅니다.

**4 작가가 이 글을 쓴 이유**–부모님의 말을 듣지 않거나 규칙을 지키지 않으면 고생하게 된다는 것을 독자들에게 알리려고 이 글을 쓴 것 같다.

**이어질 이야기**–도로시가 이상한 나라에서 황당한 사건을 겪으며 당황하고, 힘들어하는 모습이 흥미진진하게 펼쳐질 것 같다.

▶ **정답 지도 시 주의할 점** 글을 읽을 때 글쓴이의 생각을 이해하며 읽는다면 좋은 감상을 했다고 말할 수 있다고 말해 주세요.

**5**

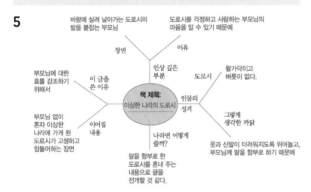

**6** 〈이상한 나라의 도로시〉에 등장하는 주인공 도로시. 도로시는 자기 생각만 소중하고 다른 사람의 마음에는 무관심하다. 아침부터 아빠와의 약속을 어기고, 자기 마음대로 행동한다. 옷과 신발이 더러워질 때까지 놀고, 부모님께 말을 함부로 하는 왈가닥이고 버릇없는 아이, 도로시.

하지만 부모님은 끝까지 도로시를 걱정하고 바른 길로 인도하기 위해서 노력한다. 게다가 도로시가 바람에 실려 하늘로 날아가자 부모님은 도로시를 걱정하는 마음에 도로시의 발을 한쪽씩 붙잡는다. 이때 부모님의 마음은 어땠을까? 당황, 걱정, 두려움. 상상만 해도 가슴이 아프다.

이 글의 작가는 분명히 부모님께 걱정을 끼치지 않아야 한다는 '효'를 주제로 이 글을 썼을 거라고 생각한다. 이후에 도로시가 이상한 나라에서 힘든 일을 겪고 고생하는 사건이 전개될 것 같다. 나중에 도로시는 분명히 부모님의 따뜻한 사랑이 그리워질 것이다.

내가 작가라면 말을 함부로 한 도로시를 혼내 주는 코믹한 이야기로 글을 채울 것 같다. 말을 함부로 하고, 부모님의 말을 듣지 않으면 나쁜 일이 생

긴다는 교훈을 줄 수 있는 이야기를 전개하고 싶다.

이후의 이야기는 어떻게 될까? 나의 상상대로일지 아니면 그 반대되는 내용이 나올지 앞으로의 이야기가 정말 기대된다.

## 05 교과서 글쓰기 – ① 직육면체의 부피와 겉넓이(수학)

······pp. 170~175

**연습하기**

**1** ▶ 모두 정답이 될 수 있어요. 글로 설명하기 편한 한 가지 방법을 선택해 보세요.

**2** 부피를 구하는 공식을 활용하여 세 상자의 크기를 비교한다. 한 모서리의 길이가 1cm인 정육면체가 상자 안에 몇 개 들어갈 수 있는지 구하는 공식은 '가로×세로×높이'이다. 이 공식을 통해 각 상자의 부피를 구하면 다음과 같다.

(가)의 부피는 30×30×12로 10800cm³이다. (나)의 부피는 30×30×18로 16200cm³이다. 마지막으로 (다)의 부피는 15×30×18로 8100cm³이다. 그러므로 세 상자의 부피는 (나)가 가장 크고 그다음으로 (가), 마지막으로 (다)는 부피가 가장 작다고 말할 수 있다.

**직접 써 보기**

**1**

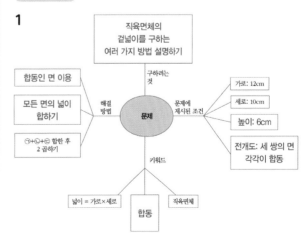

**2**

| 구하려는 것 | 직육면체의 겉넓이를 구하는 여러 가지 방법 설명하기 |
|---|---|
| 제시된 조건 | 가로 12cm, 세로 10cm, 높이 6cm<br>전개도에서 세 쌍의 면 각각이 합동 |
| 해결 과정 | 1. 직육면체의 겉넓이를 구하려면 직육면체 모든 면의 넓이를 더해 줘야 합니다.<br>2. 직육면체에는 마주 보는 면이 세 쌍 있습니다.<br>3. 마주 보는 면은 합동입니다.<br>4. 마주 보는 면을 활용하여 '㉠의 넓이×2'와 '㉡의 넓이×2', '㉢의 넓이×2'를 더해 줍니다.<br>5. ㉠, ㉡, ㉢의 넓이를 모두 합한 후, 그 합한 수에 ×2를 해 주면 쉽게 겉넓이를 구할 수 있습니다. |

**3**  세 번째 방법은 ㉠, ㉡, ㉢의 넓이를 모두 합한 후, 합한 수에 곱하기 2를 하는 것입니다.

▶ **정답 지도 시 주의할 점** 어느 방법이 다른 사람에게 가장 편하게 설명할 수 있는지 생각해 보게 해 주세요. 수학은 생활의 문제를 편리하게 해결하기 위해 여러 가지 기호와 공식을 활용하는 학문이라는 것을 다시 상기시켜 주세요.

**4**

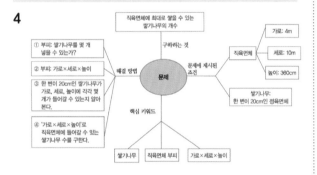

**5**  **구하려는 것**–직육면체에 최대로 쌓을 수 있는 쌓기나무의 개수

**제시된 조건**
– 직육면체의 가로 4m, 세로 10m, 높이 360cm
– 쌓기나무는 정육면체로 한 변의 길이가 20cm

**해결 과정**
– 부피는 한 물체가 공간에서 차지하는 양을 뜻한다.
– 부피를 구하는 공식은 '가로×세로×높이'이다.
– 한 변의 길이가 20cm인 쌓기나무가 직육면체의 가로, 세로, 높이에 각각 몇 개가 들어갈 수 있는지 알아본다.
– 가로, 세로, 높이에 들어갈 수 있는 쌓기나무의

개수를 토대로 직육면체의 부피를 구한다.

**6**  부피는 한 물체가 공간에서 차지하는 양을 뜻한다. 보통 부피는 '가로×세로×높이'로 구하는데 이 식으로 입체 안에 쌓기나무를 몇 개나 집어넣을 수 있는지 알아볼 수 있다. 그러므로 한 변의 길이가 20cm인 쌓기나무가 직육면체의 가로, 세로, 높이에 각각 몇 개씩 들어가는지 알아본 후, 그것을 서로 곱하면 직육면체에 들어갈 수 있는 쌓기나무의 최대 개수를 구할 수 있다. 한 모서리의 길이가 20cm인 정육면체 모양의 쌓기나무를 직육면체의 가로에는 400÷20=20(개), 세로에는 1000÷20=50(개), 높이에는 360÷20=18(개)까지 놓을 수 있다. 따라서 직육면체 모양의 상자에 쌓기나무를 최대 20×50×18=18000(개)까지 쌓을 수 있다.

## 06 교과서 글쓰기 – ② 연소와 소화(과학)
······pp. 176~179

**연습하기**

**1**

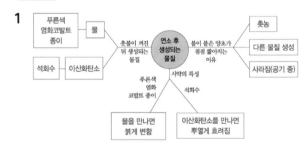

**2**  연소 후 생성되는 물질은 무엇일까요? 푸른색 염화코발트 종이와 석회수를 활용하면 연소 후 생성되는 물질을 쉽게 알 수 있습니다. 푸른색 염화코발트 종이는 물을 만나면 붉게 변하고, 석회수는 이산화탄소를 만나면 뿌옇게 흐려집니다. 초에 불을 붙이면 집기병 안쪽에 액체와 기체가 발생합니다. 액체는 푸른색 염화코발트 종이를 붉게 바꾸고, 기체는 석회수를 뿌옇게 변화시킵니다. 또, 초가 연소하면 연소 전과 비교해서 초가 줄어든 것을 볼 수 있습니다.

푸른색 염화코발트 종이와 석회수 실험을 통해 연소 후 생긴 물질이 물과 이산화탄소라는 것을 알 수 있습니다.

**3**

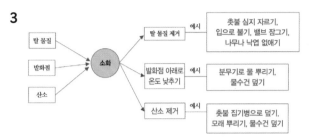

**4**  소화란 한자로 '消火'로 '불을 끔'이라는 뜻을 가지고 있습니다. 소화를 시키기 위해서는 세 가지 중 한 가지를 만족시켜야 합니다. 첫째, 탈 물질 제거입니다. 촛불 심지를 자르거나 가스 밸브 잠그기, 나무나 낙엽 없애는 것 등이 탈 물질을 제거해서 소화시키는 것이라고 볼 수 있습니다. 둘째, 발화점 아래로 온도를 낮추는 것입니다. 분무기로 물을 뿌리거나 물수건을 덮는 것 등이 발화점을 낮추어서 소화시키는 예라고 할 수 있습니다. 마지막으로 산소를 제거하는 것입니다. 이 방법은 촛불 집기병으로 덮기, 모래 뿌리기, 물수건 덮기 등을 예시로 들 수 있습니다.

**직접 써 보기**

**1**

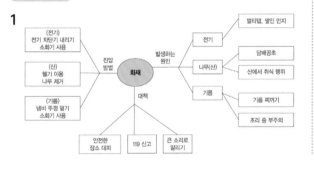

**2**  화재가 발생하는 여러 가지 원인이 있습니다. 그 중에서도 '전기, 나무, 기름'이 생활에서 쉽게 일어날 수 있는 발화의 원인이라고 할 수 있습니다.

전기로 인해 발생하는 화재는 멀티탭의 무리한 사용이나 전기 관련 제품에 쌓인 먼지가 발화점에 쉽게 도달하는 것을 예로 들 수 있습니다. 이때는 전기 차단기를 바로 내리거나 소화기를 사용해 화재를 진압할 수 있습니다.

다음으로 나무(산)와 관련된 화재가 있습니다. 산에 무심코 버린 담배꽁초나 산에서 몰래 하는 취식 행위로 인해 발화가 일어나는 경우가 많습니다. 산에서 일어나는 화재는 규모가 커서 헬기를 이용하거나 불길에 있는 나무를 미리 없애서 화재를 진압합니다.

기름과 관련된 화재는 기름 찌꺼기나 조리 중 부주의로 인해 일어나는 경우가 많습니다. 이때는 냄비 뚜껑을 덮어서 산소를 제거하거나 소화기를 사용해 화재를 진압할 수 있습니다.

만약 내 주위에서 화재가 일어나면 안전한 장소로 대피한 후, 119에 신고합니다. 또, 큰 소리를 질러서 다른 사람에게 알리는 것도 화재로 인한 피해를 줄이는 방법이라고 할 수 있습니다.

memo